キャリア発達支援研究 5

未来をデザインし可能性を引き出すキャリア発達支援

【編著】 キャリア発達支援研究会

巻 頭 言

　「キャリア発達支援研究」の発刊から５年目を迎えました。その間、全国の各学校におけるキャリア発達支援の取組は年々充実してきたと実感しています。

　また、特別支援学校だけでなく、小・中学校における障害のある子供たちへのキャリア発達支援の視点による授業等の改善や地域リソースを活かした協働活動、さらには、生涯学習におけるキャリア教育へと広がりを見ることができます。

　「２１世紀の特殊教育の在り方（最終報告）」から「インクルーシブ教育システムの構築」へとパラダイムの転換がなされ、その間、教育基本法の改正、学校教育法の制定、障害者基本法、障害者の権利に関する条約の批准、いわゆる障害者差別解消法と次々に法整備がなされ、特殊教育から特別支援教育への着実な歩みが見えます。それは、「場の教育」から個に焦点をあてた「ニーズによる教育」への改革であったといえます。一方で、同じ時間の流れの中でキャリア教育の推進があります。その接点には「生きる力」を育むという大きな教育理念に集約されてきたと思われます。

　さらに言葉をかえて言えば、「個が学校という枠組みに合わせる」のではなく、「組織が個に合わせる」時代がやってきたのではないかとも考えます。そのひとつとして、今年度から始まった高等学校における通級による指導の「制度化」とは、単に一人一人の生徒への「配慮」を意味するのだけでなく、組織と個の関係の中で学校という枠組みを考え直すことが成功するかどうかの鍵であると思います。

　次代を生きる子供たちを育成する新しい学習指導要領の実施においては、「目指す資質・能力」の育成のために、「主体的・対話的で深い学び」の視点を踏まえた授業等の改善を図ることが必要であります。それを達成するために「社会に開かれた教育課程」の理念の下に社会と目標を共有し、連携していくことを重要視しています。特にこれからは、「カリキュラム・マネジメント」の在り方が、教育の「質の向上」に大きく関わってくるだろうと考えます。目指す資質・能力とは何か、子供たちの発達をどのよう

に捉え・促そうとしているのか、等々を社会と共有することが今求められております。同様に、社会との関係を大切にしてきたキャリア発達支援の視点からカリキュラム・マネジメントを図り授業等の改善を進めていくことは、「社会に開かれた教育課程」の理念の実現に近づけていくことになろうと考えています。まさに、キャリア発達支援研究会の皆様の実践の蓄積が、新しい学習指導要領で示された考えを具体化していくことになると考えています。

　最後に、今年の夏は異常なまでの猛暑の上に、全国各地で「今まで経験したことがない」という言葉がつくような台風や洪水、さらに北海道では地震と大規模な停電が起こるなど、生命の危険を感じるような災害が相次ぎました。被災された皆様方には心よりお見舞い申し上げますとともに、毎年起る災害に対してどのように向き合い乗り越えるのかを教育現場の中でも考えざるを得なくなってきていると感じます。

　そして、あらためて、「生きる力」とは、「豊かな社会」とは何かを共生社会の在り方やインクルーシブ教育システムの推進の取組を通して考える必要があろうかと思います。

　第5巻の発行に際しまして、企画から編集までお世話になったキャリア発達支援研究会の会員の先生方、貴重で素晴らしい実践例を寄稿頂いた先生方に感謝申し上げます。そして、発刊に至るまで多大なご尽力を頂きました株式会社ジアース教育新社の加藤勝博社長はじめ編集にご協力頂きました皆様方に厚く感謝申し上げます。

平成30年12月

　　　　　　　　　　　キャリア発達支援研究会会長　　森脇　　勤

Contents

巻頭言　　　　　　　　　　　　　　　　　　　　森脇　　勤 ……　2

第Ⅰ部　座談会

青年期の多様な役割を踏まえて取り組むキャリア発達支援

－本人の「思い」を踏まえ、「学ぶ」「働く」「暮らす」支援を「つなぐ」－

　　　　森脇　勤・日戸　由刈・長谷川正人・丹野　哲也・川口　信雄・菊地　一文 ……　8

第Ⅱ部　論　説　　キャリア発達支援の動向と今後の展望

1　育成を目指す資質・能力とキャリア発達　　　　　　　清水　　潤 ……　24

2　キャリアカウンセリングとキャリア発達の支援

　　－その原点に戻って、現代的意義を再考する－　　　　渡辺三枝子 ……　30

3　発達障害の人たちに対するライフステージを通じたキャリア発達支援

　　　　　　　　　　　　　　　　　　　　　　　　　　　日戸　由刈 ……　37

第Ⅲ部　実　践

第1章　横浜大会における実践

1　横浜大会のテーマ及びプログラム設定の趣旨等について　　横浜大会実行委員会 ……　46

2　大会企画①　わたしのターニングポイント〜自らのキャリア発達をふり返って〜 ……　49

3　大会企画②　テーマ別ディスカッション

　　他者との対話から自分との対話へ〜これからの行動指針を見つけよう〜 ……　58

第2章　キャリア発達を促す実践の追求

1　地域との連携による模擬株式会社の取組

　　〜地方創生に向けた共生社会の担い手を目指して〜　　　髙嶋利次郎 ……　74

2　保育園での活動を通して、地域社会への参加意欲を高め、育てる取り組み

久保山　憲 …… 82

3　高等部職業学科生徒と小学校3年生及び特別支援学級児童との取組
　　〜ゲストティーチャーとしての役割から学んだこと〜　　　　藤林　真紅 …… 90

4　キャリア発達支援の視点から考える"学校レクリエーション"
　　〜自己のキャリア発達をふり返りつつ、特別支援教育に思いを馳せる〜

荒木　潤一 …… 98

5　児童生徒の内面の育ちとキャリア発達支援　　　　　　　　　竹下　成彦 …… 104

6　道徳教育におけるキャリア発達支援
　　〜自己肯定感・人との関わりに着目した道徳科授業を通して〜　　浅沼由加里 …… 112

第Ⅳ部　キャリア教育の広がり

1　高機能ASD幼児に対する早期からのキャリア発達支援
　　―「個別化」と「集団形式」を両立させる方法―

地内亜紀子・白馬　智美・日戸　由刈 …… 122

2　小学校におけるキャリア発達支援
　　〜本人の願いを大切にした通級指導教室での実践〜　　岡田　克己・川口　信雄 …… 128

3　秋田県の学校教育及び特別支援学校におけるキャリア教育

佐藤　宏紀・北島　英樹 …… 136

第Ⅴ部　資　料

「キャリア発達支援研究会第5回横浜大会」記録　　　　　　　　　　　　…… 144

編集委員

執筆者一覧

第 I 部

座談会

青年期の多様な役割を踏まえて
取り組むキャリア発達支援

ー本人の「思い」を踏まえ、「学ぶ」「働く」「暮らす」支援を「つなぐ」ー

　第 I 部では、近年注目が高まっている「生涯学習」をテーマとした座談会を設定した。座談会では、障害のある人の青年期以降の様々な「思い」を踏まえるとともに、「働くこと」のみならず、「暮らすこと」や「学ぶこと」を含めた支援の現状と課題について共有し、「キャリア発達＝社会の中で自分の役割を果たしながら、自分らしい生き方を実現していく過程」の支援において求められることやその在り方について検討した。

第Ⅰ部 ｜座談会｜ 青年期の多様な役割を踏まえて取り組むキャリア発達支援

出 席 者

森脇　勤
キャリア発達支援研究会会長
京都市教育委員会参与

日戸　由刈
相模女子大学人間社会学部／
子育て支援センター教授

長谷川　正人
社会福祉法人鞍手ゆたか福祉会理事長

丹野　哲也
キャリア発達支援研究会
前文部科学省視学官

コーディネーター　川口　信雄
前横浜市立若葉台特別支援学校主幹教諭※

企画・編集　菊地　一文
植草学園大学発達教育学部准教授

※現ゆたかカレッジ顧問

企画趣旨

　キャリア心理学の代表的な知見である Super（1980）による理論的アプローチ、life-span life-space approach を踏まえると、キャリアは、「学ぶ」役割や職業生活における「働く」役割、「余暇人」としての役割等といった「空間軸」、そして幼児期、学校教育段階から職業及び社会生活への移行など生涯にわたる時間的流れである「時間軸」において、「環境との相互作用」によって「個々に」形成され、発達・変化するものと捉えられる。学校教育段階はまさしくキャリア形成の「土台作り」といえ、学校教育卒業後の移行期は、大きな環境の変化と向き合い乗り越える、人生の大きな「節目」の一つであるとともに、より多様な「役割」を持つようになる重要な時期と言える。

　近年、国及び地方自治体においては、障害者の権利に関する条約第 24 条が示す「あらゆる段階における教育制度（inclusive education system at all levels）及び生涯学習を確保すること」の記述に基づき、インクルーシブ教育システムの構築が進められてきたが、「生涯学習」の充実については現在もなお喫緊の課題となっており、青年期以降の「働くこと」だけではなく生涯をとおして「学ぶこと」への支援が求められている。また、上述した life-span life-space approach が示すように、人生全体を視野に入れると学校教育段階よりも卒業後のほうがはるかに長く、その中で人は多様な「役割」をとおして生涯にわたって発達・変化していく。しかしながら、知的障害等のある人については、「職業人」の役割のみに注目されることが少なくなく、多様な役割にも目を向け、その支援の充実を図っていく必要があると考える。

　そこで本座談会では、青年期及び青年期以降の当事者支援に携わってきた教育、福祉、心理等の各分野の有識者にご参加いただき、障害のある人の青年期以降の様々な「思い」を踏まえるとともに、「働くこと」のみならず、「暮らすこと」や「学ぶこと」を含めた支援の現状と課題について共有し、「キャリア発達＝社会の中で自分の役割を果たしながら、自分らしい生き方を実現していく過程」の支援において求められることやその在り方について検討することとした。本座談会をとおして、本研究会が目指す、学校教育段階のみならず生涯にわたるキャリア発達支援の充実について、多様な分野及び職種を越えて意見交換することにより、今後を展望できればと考える。

キャリア発達支援研究　Vol.5

川口 それでは最初に、初めての方もいると思いますので、自己紹介をお願いします。

長谷川 初めまして。長谷川と申します。福岡県で約30ヶ所の福祉サービス事業所を運営しております。2012年から「カレッジ」という、自立訓練と就労移行支援事業を組み合わせた、4年間の知的障害のある人の「学びの場」を、福岡市、北九州市、久留米市、長崎県、新宿の西早稲田で展開しております。関東地区のカレッジへのニーズが大きいので株式会社化し、来春には横浜、川崎、江戸川区、そして早稲田にもう1ヶ所開設する予定です。青年期の「学びの場」づくりを進める立場からお話しさせていただければと思います。

日戸 相模女子大学の日戸といいます。3月までは横浜市総合リハビリテーションセンターに26年間勤め、そのうちの21年間が診療所の心理士として仕事をしていました。最初は幼児から小学生のお子さんに対して、その後に中学生から成人期に対しての仕事をしました。ですので、偶然なのですけれども、自分が入職したときに、3歳、4歳で診ていた子どもたちをずっと大人になるまで追いかけることができました。一方で中学生になってから、初めていらっしゃるような、全然違う人生のコースを歩んできた人たちにも、たくさんお会いし、いろいろ考えるところがありました。このような背景から青年期の学びの必要性についてお話させていただければと思います。

川口 私たちはどうしても学校現場での学びや成長に目がいくのですが、日戸先生と話すと、子どもたちが大人になったときにどうしたら困らないのかを考えさせられます。

丹野 東京都の丹野と申します。今年の3月まで文部科学省に5年間勤務しておりました。卒業後の学びについては、平成28年11月に当時の松野文部科学大臣は都内の特別支援学校を視察、保護者の方と情報交換をされました。ある保護者の方がお子さんをこのまま高等部にいさせてくださいというお話を大臣にされました。障害の程度が重いといわれるお子さんの保護者の方だったのですが、やはり学齢期である特別支援学校の環境は、非常に恵まれているとおっしゃっていました。このことと比べて、卒業

後のことがやはり何よりも心配で、卒業後も、余暇活動などに参加できる環境が充実してもらいたいとの話がありました。このような視察を受けて、大臣が「特別支援教育の生涯学習化」を提言されまして、その指揮の下に文部科学省内の生涯学習政策局内に障害者学習支援推進室という部署が組織され、障害のある人の自己実現を目指す生涯学習政策がさらに精力的に展開されるようになりました。そして、「学校卒業後における障害者の学びの推進に関する有識者会議」が立ち上がり審議が行われているところです。会議の有識者には全国特別支援学校長会の代表をはじめ、これまで特別支援学校卒業後の様々な研究にかかわっていた方、あるいは企業の方等が含まれています。

現在私は、国がこれから示すであろう方向性、あるいはすでに公示された学習指導要領にも生涯学習への意欲を高めることなど、その方向性は反映されていますので、そういったことをどのように実現していくのかという観点も踏まえて、いろいろと情報交換をさせていただければと思います。どうぞよろしくお願いします。

森脇 本会会長の森脇です。私自身の経歴ですが、教員になって最初に赴任したのは、鳴滝養護学校（当時）という病弱の学校でした。昭和52年のことです。当時は筋ジストロフィーの子どもたちのみの学校だったため、若くして亡くなる方が少なくありませんでした。そこに9年おりまして、彼らはやはり時間とともにできないことが増えていく。本人たちのそういう思いの中で、教える側としては、焦りであったり、虚しさがあったり、私たちには何ができるのか、子どもたちにとっての学習は何のためかという

思いや学習の意味について自問自答しておりました。

その後に知的障害のある子どもたちと長くかかわることになるわけですが、彼らに初めて出会ったとき「この子たちすごい、いろんなことできる」と思い、毎日朝から夕方まで一緒に汗かいて、生活単元学習や作業学習をしていたのを思い出します。また、次の白河養護学校（当時）では職業教育について考えはじめ、単にできるかできないかではなく、いろいろな体験的な活動を行うことの意味は何なのかということを考えるようになりました。作業学習や教科の学習などで学んだことが将来の生活にどう役に立っていくのか、何のための学習なのか、生徒たちがどんなめあてを持って学校へ来ているのかなどを考えるようになりました。

それで、とりわけ生徒たちが目指している「働く」ということについて考えるようにもなりました。卒業生にインタビューしていたら、働くということは、無理や負荷がかかるかもしれないけれども、そういう活動をとおして、自分と向き合ったり、社会の中に入っていったりする中で、生活していく上での力が育つんじゃないかと思うようになりました。そして、その後も職業学科を設置したり、キャリア発達に注目したり、地域協働活動を進めたりなど、これまでもいろいろ高等部生徒の社会への移行にかかわることに取り組んできました。

本日は「学ぶことの意味」についてみなさんと意見交換できればと思います。よろしくお願いいたします。

川口 それでは早速ですが「青年期の多様な役割を踏まえて取り組むキャリア発達支援」とい

うテーマに基づいて皆様が課題と捉えていることについて、それぞれのお考えを共有していければと思います。森脇先生、お願いします。

森脇 学校では学習指導要領に基づいたカリキュラムという大きな枠組みがあり、その中に多様な個の学びというものがあると思います。今回の学習指導要領は、まさに多様性や汎用性を踏まえたものになっており、いわゆる「主体的・対話的で深い学び」の視点からの授業改善が求められております。実際に「社会」の中には多様な価値観があるわけですが、これまで知的障害のある人たちとかかわってきて、その多様性に対応する部分がとても弱いんじゃないかなという気がするんです。汎用力とは、いろいろなものに対応できる力だと思うんですけれども、「それって、またなんやろね」と思ったり、それもなかなか弱いところがあるんじゃないかなって思ったり。

そこで何年か前から積極的に「地域協働活動」を進めてきましたが、その目的は生徒が小さな子どもやお年寄りなど、いろいろな人とかかわることで、生徒が相手の求めに何とか対応しようとすることや、その姿をまわりから認められることなんです。それは何のためかと言ったら、生徒が「人とかかわることが楽しい」とか、そのことが「好きになる」ためです。人とかかわることが好きになるということは、結果として、いろいろな価値観と接することになり、他者との関係性をつくっていく上での基盤になっていくと思っています。

教育というのは意図されたものだろうと思います。キャリア答申にも書かれているかと思いますが、教育の役割は、社会的・職業的自立に向けて発達をどのように促すかということにあると思うのです。各教科や領域等があり、いろいろなものが含まれている教育課程ですけれども、その目的は自立であり、その自立を目指すために必要な発達を促すということが教育の大前提であろうかと思いますし、キャリア発達というのも、その一つであろうと思います。「キャリアは、ある年齢に達すると自然に獲得されるものではない」と答申に書かれていたと思うのですが、一方で、教育活動の意図を具体化するときに、教員が教え込むだけでは駄目で、生徒たちが将来に向って自ら目的をもって取り組めるように仕掛けることが大事な気がします。「キャリア」には、大事な「役割」がたくさん含まれていますし、役割と言っても、自分がやりたいことだけではなくて、周りからのニーズにどのように対応していくかという、社会との関係性を意識した中での「役割」だと思います。ですから、必ずしもやりたいことだけをやっていくということではないだろうと思います。

それから、将来についてはある意味、私たちも含めてですが、いろいろな妥協をしながら、それぞれ役割を担う、そのようなことの積み重なりがその人なりの「意味づけ」につながっていくのかなと思います。でも、そのためにはやはり支援が必要かと思います。特に卒業後は、一人ではなかなか学んでいけないので、どのような環境をつくっていったらいいのかということが課題となっているように思います。

川口 ありがとうございます。私が昨年まで勤務していた横浜わかば学園は、今年の春で3期生が卒業したのですが、卒業生の中には結婚して子どもが生まれた卒業生がいます。二人とも

会社で働いているのですが、やはり予期していないことがごく普通に起こっていきます。そういうことをとおして私たち教員も学んでいると思いました。続いて日戸先生、お願いします。

日戸 先ほど森脇先生もおっしゃったのですけども、自閉症や知的障害のある人たちというのは、目に見えることや具体的なことはどんどん学んでいきますよね。だから、学校で教える教科学習とか、仕事のしかたとか、そういったものについてはどんどん学んでいくのですけれども、人間関係とか、多様性を含めた社会的な価値とか、いろいろなことへ興味・関心を広げることとか、社会的役割とか、自覚や自己理解といった目に見えないことについては、学びにくいですよね。

ところが、10年くらい追いかけていくと、ゆっくりですけれども、確実に学んでいくんです。特に中学、高校あたりから30歳ぐらいまでいろいろな経験を積んでいくことと、仲間がいて一緒に試行錯誤していくことによってです。そして、その経験を分かち合っていくことで学んでいくのだなということを、ずっと支援している余暇サークルや、自分の自宅でやっていたグループホームの人たちを見ていて感じました。やっぱり同世代の人とのやりとりで学んでいくので、いわゆる大人である教師や支援者がいくら何かをしようとしても上手くいかないのでしょうね。

残念だなと思うのが、卒業後にこのような仲間同士での関係の場というのがなかなか保証されないということです。特に仕事に熱心な人ほど、仕事に120%エネルギーを使ってしまって、どんどん煩わしいものを切り捨てていって

しまいます。まず高等部の時の友だち関係をどんどん切り捨てる。疲れてしまうからですよね。会う約束もしなくなる。それからもう一つは、余暇、自分のお楽しみもどんどん疲れてくると失っていく。ふと気がつくと、仕事と居住の場の往復だけになってしまっている。そうなってくると、これらの周辺からの「学び」もなくなってしまって、30、40歳になったときに、そこから先が非常にしんどいのではないかなというのを感じています。本人たちが学び合い、エネルギーを注入するための仲間関係というものを、学校を出た後にどう保証していけばいいのかということが大事なテーマだと思っています。それが1つ目です。

2つ目は、森脇先生がおっしゃっていたことをちょっと言い換えますけど、学校教育ってカリキュラムがあるじゃないですか。その背景に含まれている「ライフスキル」について、明確にカリキュラム化されていない「ヒドゥンカリキュラム（Hidden Curriculum）」を先生たちが意識していただけるといいのかなと思っています。例えば掃除の指導とか、給食の時間というのは、ライフスキルを育てていくのに大事な時間ですし、自分の持ち物管理等もちゃんと教えてあげれば、この人たちは身につくのに、その辺が流されてしまっていて、先生たちが国語や算数という内容の部分にすごく力を入れてしまっているのが、将来を考えたときに惜しいと感じます。極端に言うと、むしろ逆でもいいんじゃないかという気持ちです。

まとめますと、1つは卒後の仲間関係をどう続けていくかの仕組みづくり。もう1つは学校教育でヒドゥンカリキュラムといわれる、従来

キャリア発達支援研究　Vol.5

カリキュラム化されていないところに、もしかしたら将来の安定のポイントがあるかもしれないということです。

川口 長谷川さん、よろしいでしょうか。

長谷川 文部科学省の学校基本調査や特別支援教育資料等のデータを見ると、障害のない人は約76%が進学しているという状況の中で、知的障害のある人は1%未満、高等部卒業後に70人しか進学していない現状です。私には明日菜という重度の知的障害と自閉症のある26歳の娘がいます。私は明日菜が生まれる前から福祉の仕事をやっていて、高等部卒業後の進路先のことをまったく考えてなかったのですが、娘が高等部を卒業するときに、うちの家内が突然、担任の先生に「明日菜はまだ社会に出すのは早すぎます。もっといろんな経験させたいし、社会人になるために勉強させたいので、先生、留年させてください」と言ったんですね。そしたら、先生は「明日菜ちゃんは学校が大好きだし、欠席もないから留年はできません」と言われ、私は「それもそうだよな」と思いながら、「あっ、そうか」と。そのとき初めて私の中で「知的障害のある人って18歳以降は、学びたくても学ぶ場所がないのか」と思ったんですね。

それがきっかけというか、そのときに福祉型専攻科という、福祉の制度を使って学びの場が広がっていることを知って、九州につくりたいと思い、2012年、明日菜が卒業して2年後にカレッジ福岡を立ちあげたのですが、うちの娘に「カレッジできるよ。行こう！ 勉強できるし、楽しいことができるよ」と言ったら、うちの娘はすでに作業所の中に居場所ができていました。箱織り作業やちらしのポスティングに「や

りがい」を感じていて、ほんとに毎日が楽しいのです。娘のためにと思い、カレッジ福岡をつくったのですが、本人はカレッジに行くことを頑なに拒んだという・・・（苦笑）。しかしながら、カレッジ福岡の話を親の会で話すと「作ってほしい」という声が上がり、各地の親の願いで広がってきたという状況があります。

やはり青年期における学びの機会や場が必要だと捉えているのですが、なかなかそういったものがない中で福祉的就労、あるいは一般就労している現状があるのかなと思っています。

そこで1つ目の課題としては、「生きる力や心が育ってないことが原因として考えられる離職」です。様々な調査の離職理由を見ていくと、働く意味や目的が理解できていない、社会のルールやマナーを知らない、人とのかかわり方、言っていいことと悪いことの区別がわからないとか、ワークスキルというよりもライフスキルというか、先ほど日戸先生がおっしゃっていた、まさにヒドゥンカリキュラムと言いますか、要するに目に見えることで学ぶというところではなくて、非言語化されている部分というか、そこがやっぱり弱いことが離職の原因になっているのかなと思います。

2つ目の課題は「青年期における学びの体験の機会がない」ことです。人間にとっての青年期というのは主に15歳～24歳と位置づけられているのですが、この時期は人の一生の中でとても重要な時期であって、子どもから大人へというか、他律、他人が自分を律するという、大人とか親とか先生に自分の生き方を教えてもらうという年頃から、大人になったら、自分で自分のことを律していくという自律に至るとい

う、まさにその狭間であるというか、その飛躍の時期であるという意味では、青年期はとても大切で、自分のアイデンティティとか、自己同一性を志向する中で、これが自分だとか、自分とは何かとか、そういったことを悩んで、自分探しや、自分づくりをしていく時期なのかなと思います。そのような時期であるからこそ、青年期の学びを保障する環境、日戸先生がおっしゃっていた、同世代のかかわりがとても大切だと思っています。

川口 ひととおり課題を挙げていただきましたが、ここで丹野先生お願いします。

丹野 現在、生涯学習が大きく注目を浴びているところですが、これまで特別支援学校においては、卒業生を対象に「青年教室」と称して行われていた部分が大きいと思います。また、特別支援学校では施設開放、あるいは公開講座が、いわゆる社会教育法の規定等に基づいてなされています。

　最近の傾向として、国の動向を踏まえながら、特別支援学校で様々な卒業生を対象にした講座が充実してきています。これまでも概ね3年間程度は卒業後の支援をしていくというのが全国的にもあるようです。その中でも特に就職して1～2年目で卒業生同士が話し合える、「職場でこんなことで困っている」、あるいは「こういうことをしたい」という情報交換ができる場、そこは学校の先生がかかわって様々に教えていたりとか、あるいは卒業生が気づけるようにしているというところです。

　ある学校の取り組みですが、卒業生が自分でしている仕事を、ようやく3年目にして係を一人で任せられ、それを非常に誇りに思って、卒業生が集まる会の報告をしたそうです。それは在学中には考えつかない、堂々とした報告であったという話などを聞いています。やはり学校教育段階では、卒業後の仕事に対して自ら関心や意欲を持って学び続けられるようにしていく基盤となる力を育てていくことは何よりも大事ですし、障害がある方が卒業後に、しっかりと社会で学び続けられるように支えていく環境をつくっていく必要もあると思っているところです。

川口 横浜わかば学園では青年学級（同期会）はPTA主催となっています。卒業前から3年間分の担当を全部親御さんが決められていて、案内や会の進行もしてもらいます。先生方はそこに行って卒業生と対話したり活動したりしますので負担は少ないです。丹野先生がおっしゃったように、同年代、それから同じような生きにくさを持っている子たちが助け合うというのは、すごく重要ですね。ですから、やっぱり工夫すればできると思うのです。保護者に企画してもらってよかったのは、保護者も堂々と来られるわけです。保護者も卒業後は相談するところがなくなってしまうので。

日戸 保護者を巻き込むというのはとても大切ですね。保護者は、仕事に関するスキルを身につけて就職できるかはとても気にしますが、仲間関係やライフスキルは自然に何とかなるだろうと楽観視して、支援の必要性を感じていないことが少なくありません。後者についても保護者が必要性に気づき、家庭でちょっとしたことに気を留めることによって、将来が全然違ってきます。青年期から成人期の大事な基盤をつくっていくときに保護者の協力が欠かせないと

私は思っています。

森脇 いわゆる卒業後の支援というか、学習の機会というのは、けっこう昔からやっていましたが、そこにやってくる人はいいです。やってくる人には「仕事どうや？」とか、「困っていることないか？」という話ができますから。結局、孤立していく人たちがいて、その人たちが困っているのですね。また、親同士のつながりをどうするかも課題ではないかなと思います。そういう意味で学校は「今、何をしなければならないのか」について改めて考えなければならないと思うのです。

日戸 今のことについてですが、私は青年期になったら家庭が抱え込むという発想を切り替えていかなければならないと思っています。例えば、福祉やグループホームのような制度を使っていくという発想が必要です。家庭が抱え込みすぎると、本人の育つものも育たないと思いますし、そうなると家族もますます「自分たちがいなくなったらどうしよう」となってしまうのかなと思います。だから、特別な難しいケースだけではなくて保護者全体に対して、学校教育の時点から将来について考えてもらうための支援が必要なんじゃないかなと思います。

丹野 「学びに向かう力」ということでは、学校教育の中で子どもたちが職場体験実習とか、現場実習に行って戻ってくると、非常に自信をつけていたりとか、あるいは自分の力のなさに気がついたりするんですね。それで、それ以降の学習への取り組みが明らかに変わってくる。なぜ実習に行くと変わっていくのかと言うと、責任を持たされるということもあるだろうし、何よりも実習先の方々がその子を非常に大切に

してくれるというのが、大きいんじゃないかと思うんです。「〇〇さん、この仕事お願いします」と。それができなければできるようになるまで教えてもらえたりする。教えてもらう一方でしっかりと学び、役割を果たさなくちゃいけないということが大きいと思います。これからは卒業後もこのような学びに向かう力を持続できるよう、その基盤になるものを学校教育の中で培っていく必要があります。今回、学習指導要領の資質・能力の3つ目の柱に「学びに向かう力、人間性等」が示されていますが、まさにその部分をしっかり学校教育の中で培っていかなくてはならないと感じています。

ライフスキルもそうですが、アカデミックスキル、例えば国語の読み書きや算数・数学の計算に関する内容に関しても、卒業してからでも「あっ、また学んでみたい」と思えるようにしていく必要があると思います。ある企業の方から、障害者雇用での社内教育の一環として「読み書き」を教えていくと、その社員の方は非常にモチベーションが高まるということを聞いたことがあります。やはりまだまだ不十分だったところに自分で気がついて、自ら学んでみたいと思って学んでいるところがあると思いますし、働く上で必要だから学べているというところもあると思います。とにかく意欲的に物事に取り組める姿勢が何よりも大切であると考えます。

森脇 さっき青年学級の話をしましたが、おそらく昭和40年頃に始まったと記憶しています。実は就職してから伝票にAとかBという知らない文字が書かれていて、「それがわからないから教えてほしい」という仕事をしていく上での

切なる本人の願いから始まったと聞きました。だから、本当に「いま」の困りと、学校での学びで足りなかった部分をどのようにつないでいくかということがあったのだと思います。そのもっと原点には、職場で自分が認めてもらっているということが大きな原動力になっていると思います。「なんで、そんなこともわからへんねん？」って言われているような職場であれば、嫌になったりもするかもしれません。

そういう意味で「学びに向かう力」というのは、一人で学ぶのでなくて、いろいろな関係の中で学びたいという思いが生まれることや、学ぼうという意欲自体が生じることを学校教育の中で体験的に積み上げることが大事な気がします。そのような体験をしていないと、実際に社会の中でこのような困りが起こったときに、どうしていいかわからないんじゃないですかね。

川口 たくさんの課題が挙げられましたし、意見交換によって多くの手がかりが得られてきたように思います。続いて今後の展望について、長谷川さんからお願いします。

長谷川 1つ目の提言は一般の大学、短期大学における知的障害のある人の履修コースを設置することです。障害者権利条約24条の第5項には「締約国は障害者が差別なしに、かつ、他の者との平等を基礎として、一般的な高等教育、職業訓練、成人教育及び障害学習を享受することができることを確保する。このため、締約国は、合理的配慮が障害者に提供されることを確保する」とあります。障害のある人たちが学べる機会を創っていけることが望ましいと思います。

実は諸外国の状況を見ると、これがほぼ当た

り前になっています。これまでアメリカ、カナダ、オーストラリア、韓国、イギリス、アイルランド、アイスランド等の大学を視察してきたのですが、知的障害のある人が大学の中で学び、キャンパスライフをおくっているという現状をあちこちで見てまいりました。受け入れのやり方は完全分離型で障害のない人とまったく別のクラスでするもの、あるいは完全統合型で障害のない人のクラスの中に発達障害のある人がいるとか、軽度の知的障害のある人のある人がいて、そこにメンターが付くというやり方とか、ハイブリッド型で授業によって障害のない人の授業と合同で知的障害のある人が入り、一方では別の知的障害のある人だけのクラスというかたちもあるなど、大学によってもやり方は全然違うのですけれども、多くの大学が知的障害のある人を受け入れる方向に向かっているようです。

2つ目の提言ですが、知的障害のある人の学び、その理解促進のためにインクルーシブな社会づくりを積極的に推進することです。知的障害、発達障害のある人たちに対する理解を広げていかないと、なかなか進んでいかないと実感しています。そういった面ではインクルーシブというか、共に学び、共にいろいろな体験をするという機会を広げていくことが大事なのかなと思っています。

日戸 インクルーシブな社会に関しては、阻害しているのは、むしろ一般の私たちの意識が大きいと思っています。今後の展望ですが、生涯発達への支援について、少なくとも30歳くらいまで、できればもう少し長くまで、地域の中で発達障害や知的障害のある人たちの仕事や生

活を支えていく仕組みをつくっていくことが求められます。特別支援学校の青年学級のような形でできれば理想的なのですが、それが難しいのであれば、福祉がそれを担っていくための仕組みづくりが必要と思います。そして、その仕組みとして、私は余暇活動支援に注目しています。従来の福祉の枠組みに、余暇活動支援を正式なサービスとして含める発想が必要ではないか、と思っています。

　今の福祉サービスでは、仕事や生活が無事に回り出せば、どちらかといえば手を引いてしまいます。支援というのは困ったとき、緊急のことが起こったときに受けるものであって、上手くいっている人には支援は要らないだろうという発想で、世の中のいろいろな体系が作られています。でも、私たちでも職場でうまくやっていくためには、家庭だけでなく一緒に余暇を楽しむ仲間、飲み仲間がいるほうがいいですよね。発達障害のある人たちはこうしたインフォーマルな仲間集団に自分から入り込むこと、仲間と一緒に余暇を楽しむことが苦手です。だからこそ、仕事でどんなに上手くやれている人であっても、仲間と一緒の余暇活動について引き続きサポートは必要だと思うのです。福祉の中で就労している人たちにも余暇活動支援のサービスが当たり前、という時代になるよう、私自身も研究や啓発に力を入れていきたいと思っています。

川口　では、森脇先生お願いします。

森脇　インクルーシブ教育システムの構築や共生社会の形成に向けた施策が進められていますけれども、インクルーシブな社会にしても、共生社会にしても、特別支援学校教育の側ではな

くて、一般の学校、一般の教育の問題であると思うんです。だから、例えばユニバーサルデザインの視点はすごく大事な視点であるし、今回の学習指導要領の中身も、連続した多様な学びの場を踏まえたものとなっていますが、社会に開かれた教育課程をどう実現するということ自体が、もう学校の中だけで解決できる問題ではないということを示していると思うんです。激しく変化していく社会の中でどのように生きる力を育てていくのかというのは、実は共生社会やインクルーシブな社会につながるものかなと最近実感しています。そういう部分と、一方で障害のある人、その人が主体なんだという、2つのことがあって初めてこれからの社会というものが見えてくるんじゃないかなと思っています。

　インクルーシブな社会や共生社会というものは、はじめは障害のある人のQOLと思っていたんですが、そうではなくて、むしろ障害のない人たちのQOLかなと思っているところがあります。だから、そのような社会をつくっていくために、学校というものを超えてやっていかないとあかんのかなと、思ったりしています。その辺は日戸先生がおっしゃっていたような潜在的カリキュラムというところとも共通するように思います。

川口　僕は今でも忘れられないのは、2012年の横浜わかば学園の立ち上げの際に、森脇先生が長年かかわってこられた白河総合支援学校を訪問したのですが、やんちゃな子がけっこういて、廊下に寝そべっているんですよね。そして当時の芝山校長先生が単に注意するのではなく「どうしたの？」と声をかけると、その子がそ

れなりにしゃべり出し、対話につながっていくんです。これがあちこちで見られるんですね、白河って。それから外部講師として地域の方々が教えていたり、あちこちに学校以外の資源が上手く入っていたり、本当に勉強になりました。だから、横浜わかば学園も若葉台団地が全部教室だということで進めてきて、本当によかったなと思っています。学校が変わることも大事かもしれないけど、実は地域が変わると学校が変わるから、きっと Win-Win につながっていくんじゃないかなと思っています。

森脇 時間割の中だけの教育ではなくて、時間外も大事だと思います。支援する／されるという関係性は時々逆転することがあります。必ずしも支援している側と、されている生徒という関係だけではない部分が起こったりしてきて、地域協働型の活動はやっていて面白かったし、はじめて気付くこともたくさんありました。

長谷川 早稲田大学の学生が卒論のためのフィールドワークでカレッジに来るのですが、ボランティアとして来るのでなくて、知的障害のある人と一緒に授業を受けるという立場で来ていました。その後、卒論を読ませてもらったら、自分の中には障害のある人に対する差別なんてまったくなかったと確信して参加していたのだけれど、昼休みに自分がお弁当食べているときに、しつこくずっと同じことを言っているカレッジの学生がいて、イライラしてくるので「ちょっとごめん、トイレに出るね」と席を外すんですね。後でその時の自分を振り返ることで彼らを理解し、学んでいるんですよね。だから、障害のある人と障害のない人とがふれ合うことをとおして学ぶというのは、もちろん障害

のある人にとっては、同世代同士での学びにつながるのですが、障害のない人への影響もとても大きいなというのを実感しています。ゆたかカレッジもいずれは大学のキャンパスの中に部屋を借りて、定期的に授業をして、その中でできたら一般学生のゼミ生とかと交流できたら、本当にお互いの良い学びになるのかなと考え、描いているところです。

8戸 ぜひそのような取り組みを進めることを期待しています。以前、発達障害のある青年たちの鉄道サークルを支援していたときに、彼らは鉄道が詳しいので、イベントのスタッフをしてもらったんです。お客さんは鉄道の詳しい小学生と鉄道のことを何も知らない保護者ですが、保護者は鉄道のこと、全然わからないじゃないですか。その人たちにわかりやすく鉄道のことを解説したり、教えてあげたり、楽しませたりという運営スタッフの役割をくり返し体験すると、最初の頃は「自分たちのほうが鉄道詳しい！」という振る舞いだった人たちが、お客さんを楽しませようという高い意識に変化していったんですね。その後、就職してからの彼らの精神的な成長もすごく大きかったです。だから、常に教えられる立場ではなくて、自分たちも人に教えるとか、人のお世話をするという「役割交代」や「お互いさま」の体験は、すごく人を成長させると思っています。わかば学園を見学したときにも、知的障害のある生徒が肢体不自由のある生徒と一緒に活動する中で車いすを押すシーンを見ました。学校教育で日々ナチュラルに、このような関係から学び合う体験を持てることは、本当に素晴らしいと思っています。

川口 そうですね。知的障害のある子どもたち

は、現場実習が終わって疲れ果てて帰ってくると、肢体不自由のある子どもたちのところに行って、そこで何とも言えない、いわゆることばではない交流をしてきます。肢体不自由のある子どもたちは、話すことはできないのですが、相手を癒すという役割を果たしているのかもしれません。

丹野 森脇先生から社会に開かれた教育課程というキーワードが挙げられましたが、今回の学習指導要領では「社会に開かれた教育課程」を実現することが柱になっています。具体的には、例えば「体育」や「保健体育」の内容についても、生涯にわたりスポーツライフを実現するとか、今までにない記述が入っているんです。スポーツライフは重要ですが、芸術活動についても一つの核になっていまして、卒業後にも、生涯を通じて芸術活動に取り組めるようにしていく、そういう視点が関連する教科等に入っています。それをどのように地域で実現させていくかということで、東京都の取り組みについて少しご紹介させていただければと思います。

東京都では、国・公・私立の全ての特別支援学校に在籍する子どもたちを対象にして、子供たちの様々な美術活動等で創作された作品を芸術作品として展示する「アートプロジェクト展」を開催しています。昨年は、800点以上の応募作品から50点を選定した作品展です。

日戸 すごい数ですね。

丹野 審査は、東京芸術大学の教授陣が行っています。これは全国からもかなり注目されています。というのは、特別支援学校の児童生徒が創った作品だから注目されているのではなくて、作品そのものに芸術的価値が見いだされて注目されているんです。すなわち、誰が描いたかということではないんです。障害の有無にかかわることのない世界が美術や芸術の分野にはあり、まさにこのことは、いわゆる共生社会の実現ではないかと思っております。このような取り組みを少しずつ、地道にですけれどもやっていくことが大事であろうと思っています。

それと、2020オリパラに向けては、障害者スポーツをとおして障害のある人への理解を深めていくということが重要だと思っています。例えば、フロアバレーという、ボールを高く上げないでやる種目があります。前衛の子はアイマスクをします。視覚障害特別支援学校と小学校の児童が一緒にチームになり、交流試合をやったのですが、その前衛をやるために、お互いに手をつなぐわけです。視覚障害のある子がリードする場合など、スポーツを通して自然な交流ができていました。ボッチャは、特別支援学校小・中・高の子どもたちが一緒になってやることが広がってきています。そういったことを通して、心のバリアフリーを実現していくということが生涯学習の視点からも重要であると思っています。

川口 まさに役割を果たしていて素晴らしいですね。展覧会の話ですけど、去年の横浜大会でも「私のターニングポイント」として発表しましたが、重複障害がある生徒が卒業後も自ら学び続け、作った絵画と短歌を、わかばカフェを使って展覧会をしたんです。本人は話すことはできませんが、満面の笑みでお客さんを迎えるんです。芸術作品を展示することだけではない、たくさんの意味があることを実感しました。

森脇 絵を描くってことは、個人の問題で、自

分の内面そのものをいかにどこまで表現できるかということです。それって簡単に出てくるものじゃなくて、表現するって非常にエネルギーのいることだろうと思うんですよ、ほんとはね。だから、自閉症の人たちの描いた絵を見るといつもすごいと思うんです。

日戸 本当に、彼らの中にはすごい作品を描く人がいますよね。

森脇 そうですね。あのエネルギーの出し方というのは、本当にすごい集中力と緊張感があるんだと思うんですよ。

川口 話は尽きませんが、時間となってしまいました。青年期における「学び」の必要性をは

じめ、社会の中で他者とかかわることによる当事者の「育ち」、そして当事者とのかかわりをとおして他者や環境側が変わっていくことなど、たくさんの重要な示唆をいただきました。また、先生方のお話から、キャリア発達支援の充実を図ることによって、共生社会の形成やインクルーシブ教育システムの構築につながる可能性や、今後取り組むべきことが見えてきたように思います。本日はありがとうございました。

中央教育審議会「今後の学校におけるキャリア教育・職業教育の在り方について（答申）」（平成 23 年 1 月 31 日）

編集後記

　本座談会の企画に当たっては、「学ぶ」「働く」「暮らす」をつなぐ視点から、昨今その重要性が指摘されている「生涯学習」を取り上げることが念頭にあった。また、「キャリア発達を支援する」教育への理解が図られてきた現在だからこそ、敢えて卒業後の移行期を中心とした「多様な役割」と「学ぶ」ということに焦点を当ててテーマ設定することとした。

　ともすれば、このテーマは就学延長や高等教育保障といった「学びの場」の問題になってしまいがちであるが、本座談会をとおして、青年期の学びにおいては、その「場」のみならず、当事者である本人が「職業人」をはじめ、「市民」「家庭人」「余暇人」など多様な「役割」をとおして、他者との関係性における相互作用をとおして「学び」の必然性やニーズの高まりにつながっていくこと、そして卒業後の学びの場や学びの内容以前に、学校教育段階における「学びに向かう力」の育成が大きいことに気づかせていただいた。

　時間設定や掲載できる誌面の関係から、価値ある知見を抜粋せざるを得ず、編集においては大変心苦しい思いもあったが、改めて本企画趣旨に快く賛同し、ご多忙のところ、座談会収録への協力とたくさんの知見の提供とご示唆をいただいた、日戸氏、長谷川氏、丹野氏、川口氏、そして森脇会長に心から感謝の意を表したい。

（菊地）

第II部

論 説

キャリア発達支援の動向と今後の展望

　第II部では、第I部の座談会に続き、新学習指導要領を踏まえながら、「キャリア発達支援の動向と今後の展望」と題し、各分野の研究者に寄稿いただいた。

　各論説では、「育成を目指す資質・能力」「キャリアカウンセリング」「ライフステージ」という三つのキーワードと「キャリア発達支援」との関連について論じていただくとともに、今後に向けた提言をいただいた。

育成を目指す資質・能力とキャリア発達

国立特別支援教育総合研究所研修事業部総括研究員　清水　潤

1．はじめに

　新しい学習指導要領（以下、新学習指導要領）の告示は、特別支援学校高等部を残すのみとなった。本誌が刊行される頃には、公示されているであろうか。

　各学校・学部段階によって、新学習指導要領の全面実施の時期や移行期間は異なるものの、新学習指導要領を踏まえた取組が進んでいることと推察される。

　新学習指導要領では、「育成を目指す資質・能力」などのキーワードがある。また、「キャリア発達」を促す教育であるキャリア教育の充実を図ることは、全学校・学部段階に位置付けられた（幼稚園・幼稚部は「幼児期の終わりまでに育ってほしい姿」に含まれていると言われている）。

　本誌ではこれまでも、学習指導要領改訂に係る論説等を掲載してきたが、本稿では「育成を目指す資質・能力とキャリア発達」と題し、中央教育審議会「幼稚園、小学校、中学校、高等学校及び特別支援学校の学習指導要領等の改善及び必要な方策等について（答申）」（平成28年12月21日）（以下、中教審答申とする）や新学習指導要領等を基にしながら、基本的な事柄について改めておさえていきたい。

2．育成を目指す資質・能力

（1）生きる力と育成を目指す資質・能力

　学校教育では長年、変化の激しいこれからの社会を生きていくために必要な資質・能力として、生きる力の育成を目指してきた。今回の学習指導要領改訂では、学力に関する課題に加え、豊かな心や人間性、健やかな体に関する課題にも対応するため、生きる力という理念を具体化し、それがどのような資質・能力を育むことを目指しているか明確にすることが重要とされた。また、それらの資質・能力と各学校の教育課程や、各教科等の授業等とのつながりが分かりやすくなるよう、学習指導要領等の示し方を工夫することが求められた。なお、これまでの学習指導要領では、教育課程全体として、各教科等において「教員が何を教えるか」という観点を中心に組み立てられ、一つ一つの学びが何のためか、どのような力を育むものか明確ではないと指摘されている。

　以上から、後述する育成を目指す資質・能力は、生きる力の現代的な意義を踏まえてより具体化し、教育課程を通じて確実に育むことを求め、示されたものと言える。なお、中教審の審

議の過程で、「育成すべき資質・能力」から「育成を目指す資質・能力」に変わったことは、学習の主体は子供たちであるという意図が読み取れる。

（2）育成を目指す資質・能力の三つの柱と教科等横断的な視点に立った資質・能力

育成を目指す資質・能力が、教育課程の中で計画的・体系的に育まれるよう、全ての資質・能力に共通する重要な要素として、以下の三つの柱に整理された。

学習する子供を主体に、学びが生きるように示されたことは、子供たち一人一人を大事に、自立と社会参加や、学びが生活に生きることを目指してきた特別支援教育や知的障害教育の本質と重なるところがある。また、「学びに向かう力・人間性等」には、前述した豊かな心や人間性、健やかな体が反映されていることが読み取れる。

---

① 「何を理解しているか、何ができるか（生きて働く「知識・技能」の習得）」

② 「理解していること・できることをどう使うか（未知の状況にも対応できる「思考力・判断力・表現力等」の育成）」

③ 「どのように社会・世界と関わり、よりよい人生を送るか（学びを人生や社会に生かそうとする「学びに向かう力・人間性等」の涵養）」

各教科等の目標や内容は、上記の育成を目指す資質・能力の三つの柱に沿って整理された。なお、各教科等の目標の前の文には、「（略）資質・能力を次のとおり育成することを目指す。」と示されており、資質・能力を育成することが明確になっている。文中には、各教科等の特質に応じた物事を捉える視点や考え方である「見方・考え方」が含まれており、このキーワードは「主体的・対話的で深い学び」の「深い学び」につながるものである。

また、教科等横断的な視点に立った資質・能力として、2点示されている。1点目は学習の基盤となる資質・能力であり、言語能力、情報活用能力、問題発見・解決能力等が示されている。2点目は、豊かな人生の実現や災害等を乗り越えて、次代の社会を形成することに向けた現代的な諸課題に対応して求められる資質・能力である。以上2点の資質・能力の育成に向けては、1点目は各教科等の特質を生かし、2点目は各学校の特色を生かし、教育課程の編成を図ることが重要であるとしている。なお、教科等横断的な視点に立った資質・能力は、キャリア教育で育成を目指す「基礎的・汎用的能力」の4つの能力との関係が深く、後述するが、今後実践を通じた議論が必要である。

（3）育成を目指す資質・能力と他のキーワードの関係

新学習指導要領では、「育成を目指す資質・能力」の他、「社会に開かれた教育課程」「カリキュラム・マネジメント」「主体的・対話的で深い学び」などのキーワードある。これらのキーワードは、学習指導要領改訂の方向性の全体像の中に位置付き、関連していることの理解が必要である（図1）。例えば、「育成を目指す資質・能力」に関連しては、社会と連携・協働しながら必要な資質・能力を育んでいくことが「社会に開かれた教育課程」の実現として位置付いている。また、「何ができるようになるか（育成

図1 学習指導要領改訂の方向性

を目指す資質・能力)」と「何を学ぶか」「どのように学ぶか」が「カリキュラム・マネジメント」によってつながり、一体的な実現を目指していることが分かる。

次に、新学習指導要領に向けた枠組みづくりと総則との関係である。前述した「何ができるようになるか」「何を学ぶか」「どのように学ぶか」に加え、「何が身に付いたか(学習評価)」「子供一人一人の発達をどのように支援するか」「実施するために何が必要か」を含めた6点で枠組みが整理され、総則へと反映されている(図2)。

以上の図1、枠組みの6点、図2を順にイメージしておくことで、育成を目指す資質・能力と

図2 特別支援学校小学部・中学部学習指導要領総則と枠組みの6点の関係

他のキーワードの関係の理解、新学習指導要領の方向性や総則の全体像の理解につなげやすくなるであろう。なお、新学習指導要領総則の構成について、小・中学校と特別支援学校では一部異なる箇所があるものの、基本的には同じ構成になっている。

(4) 育成を目指す資質・能力と学校教育目標等

新学習指導要領総則には、「教育課程の編成に当たっては、学校教育全体や各教科等における指導を通して育成を目指す資質・能力を踏まえつつ、各学校の教育目標を明確にするとともに、(以下、略)」と示されている。各学校においては、学校教育目標の他、目指す子供像や育てたい力などとして具体化している場合もあり、その中で育成を目指す資質・能力との関連を図っていることも推察される。その際、中教審答申の特別支援学校の具体的な改善事項として示された次の点に留意が必要である。

⑥ カリキュラム・マネジメントの考え方
「社会に開かれた教育課程」の観点から、子供たちが卒業後に社会で生活する姿を描き、それぞれの学校において、<u>各部段階を通じてどのような子供たちを育てようとするのか</u>、そのためにはどのような教育を行うことが適当か等の基本的な考え方を明確にした上で教育課程編成に必要な考え方を示すことが必要である。

(下線は筆者)

多くの特別支援学校では、複数の学部を設置していることから、学部目標の明確化を示しているものと言える。よって、育成を目指す資質・

能力と学校教育目標の関連を明確にすることにとどまらず、学校教育目標と学部目標の関連・具体化、学部目標間の関連・発展、学校教育目標及び学部目標と教育課程の関連を明確にすることも重要である。

さらに、学校・学部・学年・学級経営というつながりから考えると、学校教育目標と学部目標の関連・具体化から学年目標や学級目標との関連・具体化へとつなげる必要がある。

3．キャリア発達

（1）キャリア教育とキャリア発達

キャリア教育については、中央教育審議会「今後の学校におけるキャリア教育・職業教育の在り方について（答申）」（平成23年1月31日）（以下、キャリア答申とする）において、次のとおり示されている。

> 一人一人の社会的・職業的自立に向け、必要な基盤となる能力や態度を育てることを通して、キャリア発達を促す教育

また、キャリア答申では、「キャリア教育は、一人一人のキャリアの発達や個人としての自立を促す視点から、学校教育を構成していくための理念と方向性を示すものである。」と示されている。

以上のことから、キャリア教育は職業的自立のみを目指したものでないこと、また特定の教育活動を指すものではなく、理念と方向性を示すものであることが分かる。特に、「キャリア発達を促す教育」であることの理解は重要であり、キャリア発達についてはキャリア答申に次のとおり示されている。

> 社会の中で自分の役割を果たしながら、自分らしい生き方を実現していく過程

以上の定義から、役割は社会の中でのことであり、職業に限らず多様であること、人生の主体は自分自身であること、人は常に人生の過程にあり、社会との関わりの中で発達し続けることが言えるのではないだろうか。

なお、キャリア教育とキャリア発達の詳細については、キャリア答申や過去の本誌等を通じて理解を深めていただきたい。

（2）新学習指導要領等におけるキャリア教育の位置付け

特別支援学校小学部・中学部の新学習指導要領総則には、キャリア教育について次のとおり示されている。

> 第5節　児童又は生徒の調和的な発達の支援
> 1　児童又は生徒の調和的な発達を支える指導の充実
> （3）児童又は生徒が、学ぶことと自己の将来とのつながりを見通しながら、社会的・職業的自立に向けて必要な基盤となる資質・能力を身に付けていくことができるよう、特別活動を要としつつ各教科等の特質に応じて、キャリア教育の充実を図ること。

キャリア発達を促す教育であるキャリア教育が、一人一人の発達に係る項目に位置付けられたことの意義は大きい。なお、キャリア教育について、学校の教育活動全体を通じて行うことは従来通りであり、中教審答申等に示されている教育課程全体を通じたキャリア教育の推進や地域との連携・協働は重要である。以上を前提

第Ⅱ部 │論説│ キャリア発達支援の動向と今後の展望

としながら、本稿では次の2点に注目したい。

1点目は、「特別活動を要としつつ」である。中教審答申には次のとおり示されている。

> 小・中・高等学校を見通した、かつ学校の教育活動全体を通じたキャリア教育の充実を図るため、キャリア教育の中核となる特別活動について、その役割を一層明確にする観点から、小・中・高等学校を通じて、学級活動・ホームルーム活動に一人一人のキャリア形成と実現に関する内容を位置付けることを検討する。

そして、新小学校・中学校・高等学校学習指導要領の特別活動の学級活動・ホームルーム活動には、「2 内容 (3) 一人一人のキャリア形成と自己実現」が設定され、キャリア教育の視点から小・中・高等学校のつながりが明確になるようになっている。

なお、特別支援学校小学部・中学部・高等部の特別活動は、小学校・中学校・高等学校の学習指導要領に準ずることになっている。小学校・中学校・高等学校の学習指導要領及び同解説を通じて、理解を深める必要がある。

2点目は、「各教科等の特質に応じて」である。前述したとおり、各教科等の特質に応じた物事を捉える視点や考え方である「見方・考え方」は深い学びにつながっていく。そのことも含みながら、将来の生活や社会、自己のキャリア形成の方向性と関連付けながら、見通しをもったり、振り返ったりする機会を設けるなど主体的・対話的で深い学びの実現に向けた授業改善を進めていくことが、キャリア教育の視点からも重要と言える。

4. 育成を目指す資質・能力とキャリア発達

育成を目指す資質・能力とキャリア発達についてそれぞれ述べてきた。この2つのキーワードの関係は、子供を主体に、育成を目指す資質・能力とキャリア教育について、教育課程全体を通じて考え、取り組むことで、子供たち一人一人が必要な資質・能力を身に付け、キャリア発達していく、と整理できるのではないだろうか。

また、例えば、育成を目指す資質・能力の三つの柱の一つ「どのように社会・世界と関わり、よりよい人生を送るか（学びを人生や社会に生かそうとする「学びに向かう力・人間性等」の涵養）」は、キャリア教育が大事にしてきた空間軸・時間軸の考え方と重なるところがある。

さらに、中教審答申では、キャリア教育で育成を目指す「基礎的・汎用的能力」の4つの能力を統合的に捉え、資質・能力の三つの柱に沿って次のとおり整理し、考えることができるとしている。

> **【知識・技能】**
> ・学ぶこと・働くことの意義の理解
> ・問題を発見・解決したり、多様な人々と考えを伝え合って合意形成を図ったり、自己の考えを深めて表現したりするための方法に関する理解と、そのために必要な技能
> ・自分自身の個性や適性等に関する理解と、自らの思考や感情を律するために必要な技能
> **【思考力・判断力・表現力等】**
> ・問題を発見・解決したり、多様な人々と考えを伝え合って合意形成を図ったり、自己の考えを深めて表現したりすることができる力

> ・自分が「できること」「意義を感じること」「したいこと」をもとに、自分と社会との関係を考え、主体的にキャリアを形成していくことができる力
>
> 【学びに向かう力・人間性等】
> ・キャリア形成の方向性と関連づけながら今後の成長のために学びに向かう力
> ・問題を発見し、それを解決しようとする態度
> ・自らの役割を果たしつつ、多様な人々と協働しながら、よりよい人生や社会を構築していこうとする態度

なお、上記の整理については、もう少し深く解釈し、実践レベルで展開していく必要性について、本誌第4巻の座談会で指摘されている。前述したように、「基礎的・汎用的能力」の4つの能力は、教科等横断的な視点に立った資質・能力との関係も深い。これらを検討・整理し、実践に生かしていくことは、キャリア発達支援研究会が今後取り組んでいく課題の一つと言える。

また、特別活動を要としつつ各教科等の特質に応じた取組により、必要な資質・能力を身に付けていく実践も期待される。特別活動を要とする実践からは、学級活動・ホームルーム活動に「2 内容 (3) 一人一人のキャリア形成と自己実現」が設定されたことにより、学級経営との関係も見えてくるのではないだろうか。学級経営の充実とキャリア教育の充実が、特別支援学校小学部・中学部の新学習指導要領総則第5節の「1 児童又は生徒の調和的な発達を支える指導の充実」に位置付いていることも意義深いと言える。

5．おわりに

以上、育成を目指す資質・能力とキャリア発達について述べてきた。自分自身に必要な資質・能力を身に付け、キャリア発達し、豊かな生活・人生を送ることは、子供たちだけではなく、私たち大人の願いでもあろう。

また、私たち大人の在り方や生き方は子供たちに影響し、特に身近な人から学ぶことが多い障害のある子供たちにとって、その影響は大きいと考える。子供たちにとって身近な人は、自分の友達や先輩、後輩、家族、地域や実習先の方々など様々であるが、教師もその大事な一人である。

子供たちにとって教師は、人生の先輩でもある。教師が「社会の中で自分の役割を果たしながら、自分らしい生き方を実現していく過程」は、まさに生きたモデル・教材と言える。教師が子供たちと共に必要な資質・能力を身に付け、キャリア発達していくことは、最も豊かな教師人生ではないだろうか。

引用・参考文献

中央教育審議会（2016）幼稚園、小学校、中学校、高等学校及び特別支援学校の学習指導要領等の改善及び必要な方策等について（答申）

文部科学省（2017）特別支援学校小学部・中学部学習指導要領

清水潤（2018）「育成を目指す資質・能力」を踏まえた実践の充実に向けて，特別支援教育研究No.727，東洋館出版社

中央教育審議会（2011）今後の学校におけるキャリア教育・職業教育の在り方について（答申）

キャリア発達支援研究会（2016）キャリア発達支援研究3．ジアース教育新社

キャリア発達支援研究会（2017）キャリア発達支援研究4．ジアース教育新社

キャリアカウンセリングとキャリア発達の支援
－その原点に戻って、現代的意義を再考する－

筑波大学名誉教授　渡辺　三枝子

1．はじめに：本稿の目標

　本誌のテーマである「未来をデザインし可能性を引き出すキャリア発達支援」を論じようとした時、この「キャリアカウンセリング」という用語もすでに多くの教師にはとっては特に耳新しいものではないと捉えた。既に実践を担当している教師の方々が熱心に取り組まれている多様なプログラムに接したり、対象となった児童生徒とも直接会う機会にも恵まれてきた筆者にとって、そのようなかけがえのない経験により、青年期前期（中等教育）における「キャリアカウンセリングとキャリア発達支援」の意義を実感し、また、学校教育の現代的役割と意義を確信できる」ことは幸いである。

　それは言い換えれば、すべての18歳以下の若者にとって、変化の激しい社会に入る前のキャリア発達支援は重要な教育活動であることを再認識できたことである。しかし他方で、反対の体験も少なくない。

　キャリア発達支援は、基本的には、「一人ひとりの人が、自己を生かしながら、ますます変化する社会環境の構成員として、精神的に自立していくこと」を目指して、発達させられなければならないことを意味するのである。そのために、学校教育は、彼らの人生の基盤作りの場という観点から見直すことが必要となる。言い換えれば、キャリア発達支援とは、児童生徒は今以上に「予測不可能な変化の激しい」社会環境に生きることを念頭において、「彼らの発達を日々見つめられる教師は保護者、地域の人々ともに、学校現場が『今育てられる基礎的な力と社会性とを発達させる働きかけ』場であることを認識して教育環境を整えることが不可欠である」、という教育的観点から生まれた教育理念であると考える。

　その意味で、他校の実践をそのまま模倣することではなく、ぜひ生徒達の置かれている現実を直視し、そのうえで彼らの発達に役立つ取り組みを全教職員と、可能な限り地域の協力を得て、時系列的な関連性、計画性、評価方法等を入念に検討する。つまり現実的で個々の生徒の発達に役立つキャリア支援プログラムを開発する必要がある。

　その意味で個別のキャリアカウンセリングも単なる個別面談ではない。荒瀬氏（2018）の言葉を借りれば、「『これまで』と『いま』を、どう『これから』につなぐか」生徒と共に話し合う時間である。この考えは、生徒は「日々の学びや諸経験を通して変化する」という人間観

にたつ教育である。その時間はたとえ10分で
あっても、生徒にとっては、自分に関心を持っ
てくれる教師と安心して向かい合うことで、思
いや希望、迷いや心配などを自由に話せ、さら
に教師から注意や忠告を受けたり、褒められた
り、質問されて答えを探したりする、いわゆる
教師との「対話」をする経験なのである。生徒
は「安心して」教師と話し合える経験を通して
自己と向き合うことができる。また、「個別」
に必要な助言を得ることで、自分が大切にされ
て成長（発達）できると認識することができる。
このプロセスを通して、生徒一人ひとりが発達
していけるようになる。これが学校でできるカ
ウンセリングの実践であり、その時間を通して、
全教職員が、生徒の変化（発達、課題、現状等）
に気づき、生徒にとっては教師への信頼感を強
めることに寄与するはずである。初めて生徒の
カウンセリングに取り組む教師は、まずは、個々
の生徒は一人ひとり日々変化していることを意
識し、まずは、個々の生徒に対する日ごろの自
分のとらえ方を横において、新鮮な気持ちで対
し、生徒がが「安心して教師と向かい合えるよ
うになる雰囲気を創ること」を優先させること
である。そのためには、面接日程を決めること
などに、全生徒に対して、「先生が皆とゆっく
りと話してみたい。皆も自由に話したいことを
話してほしい」等、相談の目的を伝えることで
あろう。そのうえで個別に会うときに優先する
ことは、教師の方から話しかけ、生徒が安心で
きる状態を創ることである。そのためには、生
徒の非言語的な表現（例：恐れている、徐々に
積極的に話し出す、下を向いたまま等々）に注
意を払い、話しかける言葉やタイミングを考慮

することが不可欠であると思われる。

　生徒のキャリア発達を一歩一歩進める取り組
みとして各学校現場で今できるカウンセリング
と同じ目的の活動としては、全教職員が協力し
合う雰囲気づくりが重要であると思われる。そ
のためには、全教職員間での「対話の広がり」と、
情報の共有と交換に努力することの大切さを理
解し、共に努力することであると思われる。生
徒に少なからず影響を与えるのは特定の教員だ
けではない。全教職員である。したがって全教
職員間の協力体制づくりが土台となって、キャ
リアカウンセリングもキャリア発達支援も功を
奏するし、学校が失敗を恐れず、「キャリア発達」
に不可欠の多様な経験のできる場所となり、更
に新たな挑戦を楽しめる準備の場となると考え
る。

　本稿ではこのような理念に基づいて、キャリ
ア発達支援の重要な要素であるキャリアカウン
セリングとキャリ発達支援について筆者の考え
を述べさせていただきたい。

2．特別支援教育とカウンセリングは人間観と目標を共有する

　学校現場で長年生徒やその保護者と向かい合
い、葛藤し、数年後に立派に社会人として成長
した生徒と出会う年配の教師たちの口を突いて
出る言葉にハッとさせられることがある。その
教師たちは生徒の成長を喜びながら、「あの生
徒との葛藤の日々は無駄ではなかったな。きち
んと成長してくれている。きっと職場の教え方
が上手なのではないか」と考えこんだ教師と出
会ったことがある。その時筆者は、その生徒の
社会性の土台を作ったのは、学校時代の教師達

であったことに気付かされた。その学校の教師達は、実習時間や授業時間以外に、校舎内での擦れ違い様にいろいろな生徒に声をかけるのを見かけていた。単なる挨拶ではなく、各生徒のその時の様子を反映するような言葉が多かったように覚えている。格別私的な内容の話ではなく、教師の方からごく普通の「声かけ」「話しかけ」をするのである。そのような習慣化した単なる日常的な挨拶であっても、声をかけられた生徒にとっては、自分のことを集団の一人ではなくひとりの人間として「見ていてくれる先生」と感じたことは確かである。返事はなくても顔を上げて教師の方を見つめる眼差しから喜びを感じられるからである。さらに、その眼差しや顔の表情から「その子は次の時はきっと挨拶を返せるかもしれない」と予想することができた。また周りでそれを聞いていた生徒達は、「この先生は自分（達）の存在を認めてくれている」こと、さらに「認められることはうれしい、心地良いことだから、わたしも友達や先生に挨拶をしたい」と考え、「次には自分から話してみよう」とその機会を待っているかもしれない。

　我々はだれも、他人の心の内での経験を客観的に知ることはできないし、特に生徒は教師に対して、自分の心のなかに起きてくる感情や自己との対話を言葉で表現できないのがふつうである。しかし、教師、特にカウンセリングに関心を持つ人々は、少なくとも生徒の表情や身体的な表現（非言語的表現）の変化に気を配ることができれば（いわゆる非言語的な表現に注意を向ければ）、想像することはできる。生徒の変化に注意を払うことによって、自然と生徒と

教師が相互信頼しあえることの意味を実感できるのではないかと思う。こうした姿勢を持つことが、カウンセラーに求められる理解的態度であると言えよう。

　さらに、「一人ひとりを大切にする特別支援教育」という理念は、実は「カウンセリングを誕生させ、発達させてきた理論と実践が寄って立つ人間観」と共通していることを指摘しておきたい。それは、言うまでもなく、「ひとはだれひとりとして同じではない。たとえ、親子でも兄弟姉妹でも、同じ環境に育ったとしても、人間としては、皆一人ひとり別の、異なる存在である」という人間観を根底にしているということである。しかしこの価値観と教育観は、教育現場では実現不可能なことであり、却って、個人差を広げ、不平等をもたらすことになる恐れがあると思われるかもしれない。「皆異なるがゆえに、一人ひとりに焦点を当てて、結果として、特別の事情がない限り、皆が、以前よりも学習の成果をあげ、より発達できるようにすること」であると筆者は理解する。同じ教材を用いても理解度は異なるのが現実であろう。だからといって、皆が同じように理解するのを待つとすれば、早くわかった生徒にとっては逆に差別されたという思いが生まれかねない。問題は、学校教育の目的をどのように考えているかにかかっていると思われる。例えば、個人差を考慮したクラス分けで授業をする学校もある。その方が全員の学力を高めるという調査結果もあるように、学校教育の目的を考慮した結果、能力別のクラス編成こそが学校教育の目的に合致するという信念があるのなら、能力別クラス編成の持つネガティブは教育的影響をも同時に

検討して、それを克服する策を実行する準備が必要となると思われる。要するに、生徒の心身の発達に寄与するという目的を追求する運営はいかようにも変えられるべきであろう。

特別支援教育が導入されたのもそのためだったのではないだろうか。同じ教材を用いても理解度は異なるのが現実であろう。だからといって、皆が同じように理解するのを待つとすると、早くわかった子供にとっては、逆の差別が生まれることも事実である。問題は学校教育とは何を目的とするのかについて、どのように解釈しているかというところにあるのではないかと思われる。個人差を考慮してクラスを分けて授業をしている学校もある。その方が全員の学力が高まるという調査結果があるように、学校教育の目的に合わせてのクラス編成や運営方法を考えることこそ、学校教育の目的してらして工夫する必要はある。要するに生徒の心身の発達に寄与するという目的にあわせて運営はいかようにも変えられるべきであろう。特別支援教育が始まったのもそのためだったのであると思うがどうであろうか。

特別支援教育はもちろんのこと、本稿で取り上げた「学校におけるキャリアカウンセリング」の導入や設立も、元をただせば、全教育活動の根底にある基本的な価値観である「児童生徒の心身の発達を促すこと」に役立つために考えられた施策であり、活動であると考える。これは真実であっても現実の教育場面を考えると矛盾するので納得しがたいという意見がないわけではないと思う。

カウンセラーは単に他者に優しく接し、苦しみを共に担うことではないし、他者に替わって問題を取りのぞいたり、解決したりするる人ではない。解決策を提示することはできるが、それを実際に行動に移して自立的に生きていくのはカウンセラーではない。どんなにやさしく親切に見守ってもその困難と闘い、乗り越えていくのは困難を持つ人自身である。まさに特別支援学校において、生徒が自立できるよう職業体験をしたり、地域の人々と接したりするのはそのためではないだろうか。カウンセリングも特別支援教育も共に社会の中で生きていくために、ある意味では目の前の現実社会とある側面とでは闘わなければならない要素を持っている（Herr,2004）。その社会環境を「改善」するためにプロアクティブに行動するのもカウンセラーの役割であるように、特別支援教育の関係者も同様の役割を持っていると思う。

アメリカのカウンセラー教育において協調点は変化してきた部分と普遍の部分とがある。変化してきた部分は、臨床心理学の影響も加わってカウンセリング過程（場面）でカウンセラーの用いる技法や手法に重点がおかれた時期があった。その名残りはまだ日本には存在しており、本来重要な「カウンセリングの本質」を示せる定義は明確ではないと言える。

しかしアメリカ合衆国では、キャリア教育の誕生と同時期の 1980 年以降では、カウンセリング心理学を基盤として、その独自性が研究され現在に至っている。それはカウンセリング誕生の歴史発祥の発達過程とカウンセリング心理学の独自性を検討して、100 年の歴史を貫いてきた存在意義と実践研究の成果から、「社会変化の中に生きる個人の発達の支援」をカウンセリング心理学の中核の価値観としていること

である。したがってその具体的な活動領域としては、主として教育領域であり、「働くことの意味」の追究である。昨今は社会経済の変化の衝撃の大きい人々で支援を必要とする、心身の障害のある人、性的マイノリティ、人種差別の対象者等（Blustein, et al.,2014）に注目が集まった。特に、カウンセリング心理学の100年の歴史を振り返ると、心理学（特に発達心理学）を土台としながら、その人間観、社会変化の個人への影響に着目し、その存在意義を問い続けてきた歴史でもある。そして、「現在は変化する社会環境のなかで change agent（変化を作り出す人）としての役割を果たすこと」を強調している。その理由は、特に弱者と言われる人々の支援のためには、個人の努力だけに頼るだけではなく、彼らの人権を守るという視点から、地域の人々と社会自体が関心を持って、社会を変える努力を必要とするからである。

こうしたアメリカのカウンセリング学会の変遷の原動力でありつづけた不変の人間観は、日本の特別支援教育に通ずると思う。特に日本では、地域社会や企業との関係作りへの学校側の大変な努力と工夫の成果が、障害者に対する理解を深めている。例えば、学校が意図的に計画したプログラムをもとに、若年者も地域社会の人々との接触を通して、学校教育で学ぶ以上の、「社会人としての社会的発達」が促進させられていることと一致すると思われる。

社会的発達とは、単に作業・職業能力をつけることではない。地域社会の人々との接触を通して、生徒だけでなく地域社会の大人たちの社会性の発達も促がしているのである。こうした特別支援教育全体の抱える問題の根を明らかにし、それを改善するために特別支援学校では多様な取り組みが試みられている。このような現実を直視する研究者の目と改善のための多様な活動の発展を通して、「人と人との出会い」が人を生涯発達させ得ることも実感した。

これらの経験から、昨今、日本における特別支援教育の方向性に関与してきているキャリアカウンセリングやカウンセラーの役割については、改めてカウンセリングの本質の理解を確認し、その本来の存在意義や特徴と最近の日本の特別支援教育との関連づけを整理した上で、真に特別支援教育に役立つカウンセリングの在り方を検討する必要性を感じた。

3．専門的活動との取り組みの変遷

カウンセリングやキャリア発達を理解する上で重要な専門用語の変化の背景とその影響を考えておきたい。それは言葉の変遷はその活動の誕生及び本質とアイデンティティが研究成果と共に時代背景と深くかかわるからである。

アメリカ社会では、1940年代間後半は、社会変化の影響を受けて、生涯発達心理学と職業生活との関係についての心理学領域の研究が盛んになった。因みに、日本に多大な影響を与えたカウンセリング心理学者であり、生涯発達理論の研究者であるとともにカウンセリングの実践家として著名な D, Super は1952年に当時15歳の少年を対象とした「職業発達の実証的発達的研究」を開始して、キャリア発達理論の構築と変遷を進めた。

また、日本社会を見ると、社会環境の変化は、義務学校をはじめ学校教育全体の仕組みに影響を与えた。身近なことでは、学校教育での職業

相談・指導が進路相談・指導へ、さらにはキャリアカウンセリングへと名称が変化し、その理想的な実践プログラムの開発が進められてきた。そしていつの間にか日本語ではなく、「キャリア」という英語が定着した。原語を使うことを好まなかった50年前を振り返ると時代の変化を感じざるを得ない。したがって、キャリアカウンセリングとかキャリア発達という教育関係の場面で使用される場合の特徴的意味を十分に社会に浸透させるのは多大な努力が必要となった。

その中には未だアメリカから学べないでいることとして、担当する専門家（例、国際的に共通する資格を持ったカウンセラー）の体系的な養成システムの開発がある。他国では専門教育と訓練を受けた専門家が配置されるが、日本では一般の教科を担当する教師が同様の責任機能を果たすことが期待されてきた。その一例が、キャリアカウンセリングやキャリア教育の理念とプログラムの導入の仕方である。しかし、時間がたつにつれて、日本独自の取り組み方をする教育現場が少なくないことにも気づいた。特に特別支援教育では、アメリカとは異なる日本の特徴を生かした効果的な取り組みがなされていることを見つけた。当初は、それらの実践的な取り組みは模倣的なものが多かったように見受けられた。しかし、10年の歴史の中で、日本の文化的精神、地域性を生かした独自の取り組みに出会うにつけ、それらが、プログラムの持つ本来の意味がアメリカと共通しており、実現されていることにも驚かされた。まさにキャリアカウンセリングとキャリア発達支援は、社会環境から切り離されて存在することのない教育である。

重要なことは、他国から輸入した教育活動は、それぞれの国を支える文化と理想が背景にあるということである。キャリア発達プログラム・教育もその一例であるが、このようにプログラムの導入経緯と教育活動との関係を見ることにより、日本社会における独自の「教育のもつ社会的役割と変遷」を考えるのに役立てることは有意義であると思う。同時に、実践プログラム自体は、各国に暮らす人々の文化や社会的状況と問題を反映していることを認識する必要がある。グローバル化する状況の中にあってこそ、基礎教育の段階では、子供の育つ環境とキャリア支援のプログラムの意味と実体とが一体化され、独自の取り組みに発展していくことが重要ではないかと思われる。別の言い方をすれば、学校と地域の共同活動となり、双方に独自の影響を与えていく実践であると言える。事実このような実践は、特別支援学校における生徒のキャリア発達だけでなく、その生徒たちが生活する地域の人々の生涯キャリア発達にも寄与する結果となっていることを見た時、キャリア発達支援の独自なプログラムの作成とその成果である生徒たちの社会性の発達は地域の人々の生涯発達をもたらす、という「発達の継続性」の意味を体験的に理解できた思いになった。

もう一つ学んだことは、プログラムの内容ではなく、それを実践指導している教師たちの変化である。つまり、全員とは言わないが多くの教師はキャリア発達支援と葛藤している過程で、いわゆるアメリカで言うところの「カウンセラーに不可欠の能力と姿勢」と同質の姿勢と能力を発達させていたことである。

そこで、本稿を閉めるにあたって、カウンセラーが発達させなければならない能力と姿勢を復習しておきたい。この内容はアメリカのカウンセラー教育の中で、理論や働く場を超えて、「カウンセラーとして育てるべき能力と態度」と言われることである。

① 「対話力」（言語的能力及び非言語的能力）話の聞き役だけでなく、適切な時に積極的に他者と対話ができる姿勢と能力を発達させること

② 生徒のみならず仲間の教職員との関係作りを主導できること、つまり組織の一員として共働する原動力となること

③ 他者に対して、人間的温かさをもって接せられ、信頼感を抱いてもらえるように行動できること（例：秘密保持）
人間的温かさとは、他者を思いやることができる姿勢、他者の感情的な変化に敏感であり、その場にふさわしい行動がとれること

④ 決断力と判断力を育てること。自分の役割を考えて、相手や組織の問題解決や成長のために「今自分は何をし、何をしなければならないか」を判断する力と行動に移す勇気をもつこと

このような能力と姿勢は、知的、学術的教育とともに、実践的系統的学習とともに日常での多様な人と接する機会を通して自己研鑽する。

引用・参考文献

荒瀬克己 （2018） 学習者中心御評価とポートフォリオの役割. キャリアガイダンス, vol.428. p.8-11.

Blusiein, D.L. (ed.) (2014) The Oxford Handbook of the Psychology of Working.Oxford University Press.

（日本語版：渡辺三枝子（監訳）（2018）キャリアを超えて「ワーキンング心理学. 白桃書房.

Herr,E., Cramer, S.H. &Niles,S.N. (2004) Career guidance and Counseling.Pearson Eucation,Inc. Boston.

岸本光永・渡邊三枝子（2010）考える力を伸ばす教科書：ダイアローグを論理で思考力を高める. 日本経済新聞出版社.

澤田慶輔（1974）カウンセリング（文部省認可通信教育諸）創価大学出版.

渡辺三枝子（2014）キャリア発達支援研究の理論的展開とキャリア発達支援の理解. キャリア発達支援研究1. P.25-34, ジアース教育新社.

渡辺三枝子（2012）新版カウンセリング心理学. ナカニシヤ出版.

3 発達障害の人たちに対するライフステージを通じたキャリア発達支援

相模女子大学人間社会学部／子育て支援センター教授　日戸　由刈

1．はじめに

　発達障害等（以下、発達障害）*の人たち、とくに自閉スペクトラム症（以下、ASD）と診断され、知的発達の遅れが軽度・境界域以上の人たちの学校教育修了後の経過には、大きく次の3つが想定される。1つ目は特別支援学校を修了し就労する場合、2つ目は大学や専門学校などの高等教育機関を修了し就労する場合、3つ目は高等教育機関を修了したが就労できず（あるいは、就労してもすぐ不適応となって離職し）福祉サービスを利用する場合である。

　上記のうち、経過が順調な1つ目、2つ目の場合と、経過が困難な3つ目の場合では、青年期以降の本人の精神的健康が大きく異なり、その結果、支援に要するコストも異なると考えられる。本稿ではこうした現状を踏まえ、発達障害の人たちを中心に、ライフステージという長期的視点から、学校教育修了後のキャリア発達支援のあり方を論じる。

＊本稿では「発達障害」をASD、LD、ADHDに限定せず、いわゆる軽度知的障害を含めて用いている。

2．順調な経過と困難な経過の違い

　そもそも経過が順調な群と困難な群では、何がどのように異なるのか。筆者らの調査（投稿中）を紹介しよう。ある地域において今から20年以上前のある時期に出生し、幼児期に療育センターを受診してASDと診断され、小学校期に通常の学級に在籍していた人たちの半数近くは、中学校期より特別支援学級に移籍し、高等特別支援学校に進学していた。そして、学校の教室や部活動、地域にある発達障害を持つ人同士での余暇活動など、同世代の仲間集団に所属し、休日も誘い合って外出していた。卒業後は就労し、20歳時点でも就労を継続していた。

　中学校期以降も通常の学級に在籍した人たちはどうであったか。そのうちの約半数は、学校の教室や部活動、または地域にある同じ発達障害を持つ人同士での余暇活動など、同世代の仲間集団に所属し、休日に誘い合って出かける友人をもつ者もみられた。そして、大学や専門学校などの高等教育機関に進学し、20歳時点では在学や就労を継続していた。

　しかし、残りの約半数は、中学校期以降に所属できる仲間集団をどこにももたなかった。学校の教室内では誰とも接点をもてず、常に孤立していた。また、大学や専門学校など高等教育機関に進学したが、最後まで通いきれず、20

歳時点では福祉サービスを利用していた。

　このように困難な経過を示す群は、筆者らの調査では対象全体の3分の1程度であった。幼児期に療育センターを受診しなかった人たちも含めて調査すれば、発達障害全体に占める割合はもっと多いかもしれない。

　本田（2015）は、発達障害の人たちの社会適応を考える際には、「発達特性」「教育」「精神保健」という3つの要素を考慮すべきと述べている。そして、特性に合わせた「特異的な教育」を受けるかどうかで青年期以降の精神的健康が大きく異なる、という仮説を提起している。筆者らの調査では、この特異的な教育の要素として、特別支援教育など学校教育に限定されない、地域での余暇活動を含めた「同世代の仲間集団への所属」の重要性が示唆されたと言えよう。

3．同世代の仲間集団に所属することの困難さ

　ASD の青年や成人が呈する精神的健康の問題と仲間関係との関連性について、欧米の先行研究を調べた結果、ASD の人たちには定型発達の人たちと同様、友人関係の有無と抑うつや不安など精神的健康の問題との間に相関が認められた。特に通常の学校など一般集団しか所属先を持たない ASD の人たちは、学年が上がるに従って教室内のソーシャルネットワークの周辺に位置するようになり、青年期以降には仲間集団に所属できず、孤立や自己評価の低下、抑うつを呈するリスクが高かった（日戸・藤野, 2017）。

　ASD の人たちが一般の仲間集団から疎外さ

れやすい要因として、定型発達にみられる仲間関係の発達的変化が考えられる。定型発達の人たちの仲間関係は、小学校低学年までは活動や場の共有により成立するが、小学校高学年以降になると「共通の話題や興味」など互いの心理的な類似性が重視されるようになる。社会的認知や社会的嗜好性が定型発達と生得的に異なる（メジボフ, 2004；2007）ASD の人たちにとっては、この時期以降定型発達の人たちと対等な仲間関係を形成することが格段に難しくなる。

　ASD の人たちが呈する精神的健康の問題への対応策として、欧米では仲間関係支援に関する研究も進められている。一方、わが国では小・中学校に設置されたいわゆる通級指導教室や特別支援学級、高等特別支援学校や特別支援学校高等部などで、発達障害を持つ児童・生徒同士でグルーピングされた小集団指導が日常的に行われている。最新の脳科学では、人の共感性は自分と類似した相手に作動しやすく、ASD 同士の関係においても共感に関わる脳部位が活性化される傾向があったと報告されている（米田, 2015）。すなわち、発達障害同士でグルーピングされた小集団は、共感を伴う仲間関係の形成を促進する可能性が高いと考えられる。ところが現行では、せっかくの小集団を通常の学級や一般社会に見立て、そこに適応するためのスキル指導に重点が置かれている。これは、担当する教師や支援者の多くが、ASD の人たちの仲間関係は定型発達の人たちと同様に、小集団において自然発生的に形成されると誤解しているためかもしれない。

　ASD の人たちの仲間関係は、小集団であれば形成されやすいとは必ずしも言えない。そも

そも彼らは生得的に人への志向性が弱く、物への注目が優位に働きやすい。人と一緒にいても、相手の興味・関心には注目できず、定型発達の人たちであれば自然と行える、自分と心理的な類似性を持つ相手を選択し、「共通の興味や話題」を介して関係を形成することが難しい。それゆえ、仲間関係支援では彼らの共通の興味に沿ったグルーピングが極めて効果的である。通級指導教室などの担当者は、グルーピングの際には、年齢や性別、認知特性だけでなく、個々の子どもの興味にも注目できるとよい。共通の興味を介した良好な仲間関係の形成は、小集団で行う適応スキルの指導においても相互支持的なダイナミズムを促し、学習効果を向上させうる。

また、ASDの人たちは、ルールに厳格であり、強いこだわりを持っている。興味・関心の高い領域ほど、一方的に自分の関心ごとを話しすぎたり、「一番」や「勝つこと」に固執しすぎたりし、小集団では相互否定的なダイナミズムが生じやすい。人への志向性が弱いため、活動内容に興味が持てなければ、参加意欲は一層低下する。このため、ASD同士・発達障害同士の小集団を和やかな雰囲気で進めるためには、適度な構造化が必要となる。本人同士の自由なやりとりを抑制しすぎない程度に、社会的枠組みを呈示することが必要であるが、その内容は教師や支援者側の都合で決めるのではなく、ASDの本人にとって「"わかりにくいこと"をわかりやすく伝えるための工夫」とすべきである（地内ら，2018）。例えば、会話を続ける際には自分の話を適度に切り上げ、相手の話にも耳を傾ける態度が求められる。こうした一般的に「暗黙の了解」とされる社会的枠組みは、社会的認知や社会的嗜好性が定型発達と生得的に異なるASDの人たちにとってわかりにくい。教師や支援者には、日常場面に散在する彼らの"わかりにくいこと"を当事者目線でキャッチし、具体的に図式化し解説する技術が求められる。

4．順調な経過を示す人たちに就労後の支援は必要ないか

学校教育を修了した人たちへの支援は、就労支援や生活支援など福祉サービスが中心となる。ASDの人たちの中で、学校教育期間に家庭や仲間集団を含む特性特異的な教育を受け続け、順調に就労に至った人たちは、これらの支援を必要としない。果たして彼らは、いかなる支援もない状況で、就労後も精神的健康を維持できるのだろうか。

筆者らの調査（投稿中）によると、経過が順調な人たちの就労後の余暇の過ごし方は、大きく3つのタイプに分かれた。タイプ1は、そのときどきで仲間や友人をつくり、共に余暇を過ごす。タイプ2は、地域での発達障害同士の余暇サークルなど、限定された場所で限定された仲間とのつきあいを続ける。タイプ3は、学校教育時代の仲間や友人と連絡を取ることがなくなり、ひとりで余暇を過ごす。高等教育を修了した人たちはタイプ1に該当する場合が多かったが、特別支援学校を修了した人たちにはどのタイプもみられた。とくに、学校教育期間に地域での余暇サークルなどに所属せず、学校場面だけで仲間関係を形成した人には、学校教育が終わると仲間・友人関係が途絶える傾向がみられた。

同様の傾向は、筆者らが行った他の調査（日戸ら，2010）でも示唆されている。筆者はかつて、療育センターで知的発達に遅れのないASDの学齢児を対象に、「社会性とマナーの教室」と名付けた小集団支援を数年にわたって実施した。この教室では仲間関係支援をねらって、年齢、性別、認知特性に加え、共通の興味に沿ったグルーピングを行った。1グループ3か月間の構造化された小集団場面において、メンバー同士は急速に親しくなり、最終回には実施した25グループすべての参加者が「同じメンバーで、また会いたい」と感想を述べた。しかし、実際に地域の中で再会を果たしたのは、そのうち6割であった。しかも、本人同士が誘い合って集ったのはごく一部であり、ほとんどの集いには親同士による全面的なサポートを要した。さらに、親主導で地域の発達障害対象の余暇サークルに教室のメンバーで一緒に入会した場合には仲間関係が継続したが、余暇サークルに入会しなかった人たちの関係は途絶えやすかった。この結果から、ASDの人たちはいったん親しくなった相手でも、自分たちで誘い合って仲間関係を維持することには限界があることが示唆された。

仲間関係は精神的健康に対して、どのような機能を果たすのだろうか。定型発達の人たちにとって、精神的健康を維持しながら安定した毎日を過ごすためには、家庭のほかにも安心して話ができ、エネルギーの得られる仲間の存在が必要である。この構図はASDの人たちにとっても同じであろう。ただし、ASDの人たちは、たとえ順調な経過を示す場合でも、自然発生的な仲間関係の形成と維持は困難であり、ライフステージを通じた仲間関係支援を必要とする。定型発達の人たちは、仲間同士で集うための手段として会食やレジャー、スポーツなどをしばしば活用する。ASDの人たちにとっても、仲間関係支援にこうした活動は有効な手段と考えられる。しかしながらASDの人たちは、余暇活動という目的や、それを行う場・時間といった一定の枠組みが存在しなければ、相当に仲間関係の形成や維持が難しいかもしれない。教師や支援者、家族は、このような認識を持つべきであろう。

5．困難な経過を示す人たちへの　キャリア発達支援

一方、特性特異的な教育を受ける機会を持たず、困難な経過を示すASDの人たちに対し、ライフステージを通じてどのようにキャリア発達を支援すべきかは、今後の重要な検討課題と考えられる。

検討の前提として、まずは困難な経過を示す人たちが被ってきた精神的健康への影響に対して、共感的な理解が求められる。ASD本人の自伝には、定型発達の人たちに合わせてやりとりをしてきた陰で、自己評価の低下を訴える記述が少なくない（高森ら，2008）。社会的認知や社会的嗜好性が定型発達と生得的に異なるASDの人たちにとって、定型発達の人たちとのやりとりは、あたかも我々が成人になって初めて異国の地で生活するという状況下で、現地の人とのコミュニケーションに常に不安と緊張を強いられる心境と似ているのではないか。

長年にわたって蓄積された人に対する不安感や低下した自己評価をいかにして回復させるか

は、キャリア発達支援で最初に乗り越えるべき大きな課題である。マイナスからの出発という点が、順調な人たちへの支援とは大きく異なり、その分コストもかけるべきであろう。近年報告された、新しい発想によるいくつかの取り組みを紹介する。

1つ目は、ASD の人たちの多くが持つ限局した関心事を活かした、極めて専門性の高い余暇活動支援である。余暇活動支援は、これまでも知的障害の人たちへの生活支援の一環として行われていたが、ASD の人たちからすると内容の専門性が低く、必ずしも魅力的なものとは言えなかった。この問題に対して、世田谷区にある「みつけばルーム」（NPO 法人東京都自閉症協会　世田谷区受託事業）では綿貫愛子氏を中心に"その道の専門家"を招き、ビオトープ管理や番組制作など、突出した興味や膨大な知識が活きる、ユニークでオリジナリティの高いワークショップを開催している（文部科学省ウェブサイト）。参加者たちは、定型発達の人たちにはとても真似できない、特異的な集中力や細部への注目、緻密性などの特性を活かして活動を共有し、共に楽しむことで、自己肯定感を取り戻していく。

2つ目は、限局した関心事について、社会貢献活動として発展させたイベント・プログラムである。ASD の人たちが持つ突出した興味や関心事は本来、「よく知っているね！」、「すごい！」などと称賛され、高く評価されるべきものである。ところが彼らは、自分の興味について、相手が関心を持って耳を傾けるようなやり方で共有することが難しい。このため、自分のこだわりについて社会的な称賛や評価を得る体験が乏しい。筆者らはイベント・プログラムとして、鉄道クイズの出題や N ゲージのレイアウト制作で観客の小学生やその親たちを楽しませる「鉄道大イベント」や、互いの芸術作品に対してメッセージカードを贈りあう「芸術まつり」を開発した。これまで一方的に支援される側にあった彼らが、支援する役割や称賛を受ける立場を体験することにより、「観客や他の出品者の気持ちを考えること」、「仲間同士で合意し協力すること」など社会的な関心を高め、ゆるやかな連帯感を持つなどの効果がみられた（日戸，2015）。

このように、余暇活動を活用した支援は、順調な経過を示す人たち、困難な経過を示す人たちの両方にとって、ライフステージを通じてエネルギーを注入し、精神的健康を維持／回復させるための、効果的な方法と考えられる。ただし、先にも述べた通り、その人の経過によって支援にかけるべきコストが異なる。順調な経過を示す人たちに対しては、特別支援学校における卒後のフォローや青年学級、同窓会など、学校教育の場を中心に支援を行い、困難な経過を示す人たちに対しては、福祉や医療の場においてより構造化された支援を行うなど、教育と福祉・医療の役割分担が図られるとよい。

6．おわりに

余暇活動支援は現在のところ、キャリア発達支援とは別のものとして扱われている。さらに、就労支援や生活支援に比べると優先性は低いとみなされており、順調に就労した人たちに対しては積極的に行われていない。これには、余暇の概念が、わが国の高度経済成長期以降、

物質的豊かさの満たされた後に普及したという歴史的経緯も影響するかもしれない。われわれは意識せずに、余暇活動支援を学校や就労、生活面での問題が解決された後に着手すべきテーマとみなしている危険がある。しかし、余暇活動支援は、安定した就労や生活の基盤となる精神的健康を増強させる仕組みとして優先して着手すべきテーマではないだろうか。定型発達の人たちが精神的健康を維持しながら安定した毎日を過ごすために、安心して話ができ、エネルギーの得られる仲間の存在を必要とするのと同様に、発達障害の人たちにとっても「何でも話せる」仲間の存在は必要であり、精神的健康を維持するために保障すべき当然の権利と考えられる。発達障害の人たちにとって、余暇活動を通じた「心理的活動拠点」という下支えがあってこそ、一般社会での共生への意欲が生まれ、真のインクルージョンが実現しうるのではないか。発達障害の人たちに対するライフステージを通じたキャリア発達支援のあり方には、今後、新たな構図への転換が求められている。

引用文献

高森明・木下千紗子・南雲明彦・高橋今日子・片岡実・橙山緑・鈴木大地・アハメッド敦子（2008）『私たち、発達障害と生きてます－出会い、そして再生へ』ぶどう社

米田英嗣（2015）『自閉症スペクトラム障害（自閉スペクトラム症）』榊原洋一・米田英嗣編，日本発達心理学会シリーズ編『発達科学ハンドブック 8：脳の発達科学』.268-275. 新曜社

地内亜紀子・白馬智美・日戸由刈（2018）『高機能ASD 幼児に対する早期からのキャリア発達支援－「個別化」と「集団形式」を両立させる方法』キャリア発達支援研究 5, 122-127. ジアース教育新社

日戸由刈・萬木はるか・武部正明・本田秀夫（2010）『アスペルガー症候群の学齢児に対する社会参加支援の新しい方略－共通の興味を媒介とした本人同士の仲間関係形成と親のサポート体制づくり』精神医学，52, 1049-1056

日戸由刈（2015）『ライフステージを通じたこだわりの活用－幼児期の生活改善から学齢期以降の社会参加へ』こころの科学，183, 59-64

日戸由刈・藤野博（2017）『自閉症スペクトラム障害児者の仲間・友人関係に関する研究動向と課題』東京学芸大学紀要 総合教育科学系Ⅱ，68, 283-296

本田秀夫（2015）『思春期・青年期の発達障害の人たちへの医療支援－特有の性格変化および併発する精神症状への対応』萩原拓編『発達障害のある子の自立に向けた支援』108-112. 金子書房

Mesibov, G.B., Shea, V., & Schopler, E. (2004) The TEACCH approach to autism spectrum disorders. Kluwer Academic Publishers, New York.（＝ 2007. 服巻智子・服巻繁訳『TEACCHとは何か－自閉症スペクトラム障害の人へのトータル・アプローチ』137-154. エンパワメント研究所）

文部科学省ウェブサイト 学校卒業後における障害者の学びの推進に関する有識者会議（第 2 回）配付資料 資料 1-1 世田谷区受託事業「みつけばルーム」の取組 http://www.mext.go.jp/b_menu/shingi/chousa/shougai/041/shiryo/1404318.htm 2018.10.1

第Ⅲ部

実践

　第Ⅲ部第１章は、昨年度の横浜大会の取組である。子供たちの未来を見据えたキャリア発達支援を共に考え、参加者のキャリア発達にも寄与したいという大会実行委員会の思い・願いが、大会テーマや二つの大会企画等に反映されている。

　第２章は、各地域における特別支援学校の実践である。幅広い視点からの実践として、地域と連携した実践のほか、レクリエーションや内面の育ち、道徳教育などキャリア発達支援の広がり・深まりが見える多様な実践を６本掲載している。

第III部

実践

第1章

横浜大会における実践

1 横浜大会のテーマ及びプログラム設定の趣旨等について

横浜大会実行委員会

１．第５回横浜大会の運営組織について

　横浜市では、平成25年度に若葉台特別支援学校の知的障害教育部門が横浜市で3校目の高等特別支援学校として開設し、同時にキャリア教育に関する実践研究を開始した。翌年には、昭和56年に横浜市で1校目の高等養護学校として開校した日野中央高等特別支援学校が、作業学習を中心に教育課程改善を図るための実践研究に取り組み始めた。この頃から、この2校の高等特別支援学校教職員がキャリア発達支援研究会年次大会に参加するようになり、多くの教員がポスター発表などを経験する中でキャリア発達していく姿が見られた。それに伴い、2校での実践研究も一層充実し、公開研究会を毎年開催して新しいキャリア発達支援の取組の成果を発信してきている。

　しかし、横浜市においては、これまでの京都大会・北海道大会のように、継続して研究活動を行ってきた組織が母体としてあるわけではない。若葉台特別支援学校知的障害教育部門の開設に関わった教員や指導主事の有志が、新しい特別支援学校を創るための学びの場として主体的に参加してきたのが、このキャリア発達支援研究会であった。この有志のメンバーがコアとなって、大会実行委員会が立ち上がった。大会実行委員会は、特別支援学校を中心に小・中学校も含め横浜市立学校教職員等、52名の委員で組織され、大会の準備を進めてきた。

　横浜大会開催にあたっては、横浜市立特別支援学校長会の多大なご支援をいただいた。12校の横浜市立特別支援学校から、実行委員、大会企画での発表者や支援者として多くの教職員や関係者が関わり、共に学び合い、大会の運営を通してキャリア発達を実感することができた。

　大会後は、キャリア発達支援研究会の関東圏の学習会に参加し、学びを継続している。

2．大会テーマについて

横浜大会のテーマは**「未来をデザインし、可能性を引き出すキャリア発達支援」**である。

このテーマには、子どもたち自身がこれまでをふり返り、自己理解を深め、自らの未来をしなやかに創造していって欲しいという願いと、私たち自身が子どもたちの様々な可能性を感じ取り、引き出して、子どもたちの未来を広げていきたいという想いが込められている。

このことは、若葉台特別支援学校、日野中央高等特別支援学校での実践の中から見出されてきたもので、子どもたちのキャリア発達を促し、寄り添ってきた教職員たちの願いや想いでもある。

また横浜大会では、特別支援学校だけでなく通常の学級、通級指導教室、特別支援学級等、多様な教育の場の教員や、医療、福祉に関わる方々にも参加していただき、様々な立場の方々と、子どもたちの未来を見据えたキャリア発達支援を共に考えていきたい、さらに、参加者それぞれのキャリア発達にも寄与できるような大会にしたいという意図も含んでいる。

3．大会プログラムについて

このような大会テーマに迫るために、また横浜らしさを生かした大会にするために、プログラム構成を行った。

基調講演は、横浜市リハビリテーション事業団において自閉症を中心とした発達障害児者への支援や療育に携わり、横浜市の特別支援教育と長く連携を深めていただいた、日戸由刈氏（現 相模女子大学教授）より、「発達障害者のキャ

リア発達〜大人になった ASD から学ぶ〜」として、就学前から成人期までのライフステージに渡る実践を通して得られたエビデンスを交え、キャリア発達の観点からお話をいただいた。

大会企画はこれまでの横浜での取組を生かし、①「わたしのターニングポイント〜自らのキャリア発達をふり返って〜」、②「テーマ別ディスカッション」の二つとした。この二つの

企画については、この後に詳しく報告をするが、横浜の「今」を感じていただけたのではないかと思う。

また、ポスターでの発表は、「ポスターセッション」として、参加者との対話を重視したものとなってほしいという意図を込めた。今回は、教育関係者だけでなく、福祉施設や医療機関からも含め43本のポスターが出された。

そして、植草学園大学准教授　菊地一文氏、文部科学省視学官（併）特別支援教育調査官（当時）　丹野哲也氏に講評とともに新学習指導要領についても解説をしていただき、参加者がそれぞれ、大会での対話や体験を整理して今後のカリキュラム・マネジメントや実践に生かす学びを得られるような構成とした。

4．参加者のふり返りから

◇ 対話を主体に展開する取組で参加、交流することができた。本大会で重要であることが、短い時間ながら意図的に活用されていたと感じました。

◇ まさにプログラム全体に「社会の中で役割を果たすことをとおして、自分らしい生き方を実現していく過程」への支援の充実に努めてきた成果が表れており、そのものを感じる場でした。全国から参加された皆様も、リアルタイムで子どもが、教員が、学校が「学び」「育つ」姿に実際に接近することができたのではと思います。

◇ 講師の先生からの講演はもちろんのこと、卒業生との対話やテーマ別でのグループに分かれた対話を通して、自分自身のキャリアに対する考えも深まり、またキャリア発達できたかと感じます。ここで学んだことを学校に帰って生かし、子どもたちのキャリア発達を支えられたらと思います。また参加したいです。

5．横浜大会実行委員会より

横浜大会の開催を通して、横浜市におけるキャリア発達支援を一層推進していくための新たな力が得られたと感じている。

大会開催の機会をいただいたこと、また全国から200名を超える方々に参加いただいたこと、多くの後援や関係者の皆様の協力をいただいて大会を開催できたことに、心より感謝申し上げたい。

2 大会企画① わたしのターニングポイント
～自らのキャリア発達をふり返って～

　横浜市には、市立特別支援学校として5障害12校が設置されている（視覚障害1校、聴覚障害1校、肢体不自由4校、知的障害4校、病弱1校、肢知併置校1校）。大会実行委員会や横浜市立特別支援学校長会の協力により、9校・13名の卒業生がこの企画に賛同し、自らのキャリア発達をふり返り、大会当日に参加者に向けて「わたしのターニングポイント」を発表した。

1．企画の目的

（1）横浜市立特別支援学校卒業生が、自らの成長について発表し、参加者と共有する。
（2）特別支援学校の卒業生が、どのような場面や活動で転機を迎え、今の姿があるのかを知ることで、その卒業生のキャリア発達の瞬間やプロセスに思いを馳せ、参加者自らのキャリア発達支援の糧とする。
（3）卒業生や保護者、支援者が、卒業生の成長やキャリア発達のプロセスをふり返ることで、今後の更なるキャリア発達につなげていく。

2．企画の内容・方法

　卒業生自身が変わった・成長した瞬間やある期間のプロセスを、何らかの方法で参加者に伝える。障害状況に合わせて伝える方法を選択し実施する。

　（発表と質疑応答で10分×3回実施）

【発表方法例】
・1枚の写真を自分で説明したり、支援者に説明してもらったりする。
・プレゼンテーションソフトを使って説明。自分でクリックして進める。または支援者とともに伝える。
・紙芝居風に作って1枚ずつ説明していく。
・映像や音声で紹介する。

【配慮事項】
・発表者と参加者の対話を大事にしていく。本人だけでなく、支援者が質疑応答に応じてもよい。その場合には本人の気持ちの代弁でも、その支援者自身が当事者と関わって変わったことや分かったことなどを話してもよい。

※発表の全文掲載に当たっては、大会当日に録画した映像を基に発表内容を文字に起こし、一部、プライバシーや表現等に配慮して修正を行っている。

3．発表者 13 名の概要

	発言者	出身校名【障害種】	発表についての一言
1	Aさん	浦舟特別支援学校（旧二つ橋養護学校）【病弱】	小学部1、2年生のときに旧二つ橋養護学校院内学級にお世話になりました。現在は主に東京や神奈川でダンサーとして活動しています。闘病生活や院内学級の思い出に触れながら、退院して20年のことや、現在行っている特別支援学校や福祉施設、院内学級限定のダンスワークショップについてお話します。
2	Bさん	本郷特別支援学校【知的障害】	書道と絵の作品展示、1・2分のダンスを披露します。
3	Cさん	若葉台特別支援学校【肢体不自由】	学校卒業後がターニングポイントであり、卒業してからの学習への取組について発表したいと思います。
4	Dさん	二つ橋高等特別支援学校【知的障害】	高等特別支援学校で相談できるようになったことを活かして、職場でもたくさんの質問や相談をしています。周りの方々にたくさん教えてもらい支えられて頑張っています。
5	Eさん	若葉台特別支援学校【知的障害】	学校での思い出と会社で頑張っていることについて話したいと思います。
6	Fさん	盲特別支援学校（旧盲学校）【視覚障害】	私は教員になることが目標で進学しましたが、今ではやりたいことが複数見つかりました。やりたいことが複数見つかることは、今後の人生設計の観点から、とても良いことだと思っています。参加者の皆様にとって、少しでも参考になれば幸いです。《発表の全文を掲載》
7	Gさん	ろう特別支援学校（旧聾学校）【聴覚障害】	勤務先の会社で発声練習支援システムの開発プロジェクトに協力者として加わったことが、私のターニングポイントです。
8	Hさん	若葉台特別支援学校【知的障害】	学校生活と社会人になってからの経験を話します。学校生活で頑張ったから、今の自分に変わることができたと思います。
9	Iさん	若葉台特別支援学校【知的障害】	中学生のときに親がパソコンに入れてくれたタイピングソフトを毎日必ず練習して、タッチタイピングができるようになりました。これで自分に自信がつきました。
10	Jさん	港南台ひの特別支援学校【知的障害】	高等部卒業後の進路先での個別支援計画について、進路先の方と一緒にお話します。
11	Kさん	上菅田特別支援学校【肢体不自由】	出掛けるのが苦手だった私は高校生の時に一人の同級生から、出掛けることの楽しさを学びました。そしてチャレンジしたことで、自信に繋がり自分を成長させてくれた第一歩となりました。《発表の全文を掲載》
12	Lさん	日野中央高等特別支援学校【知的障害】	パソコン部での活動を通した自分の経験を、少しでも多くの方にわかりやすく伝えられるように努力したいです。《発表の全文を掲載》
13	Mさん	日野中央高等特別支援学校【知的障害】	「なりたい自分」を目指すために頑張ったことを伝えます。

4．各発表から

（1）Fさんの発表

> 私は教員になることが目標で進学しましたが、今ではやりたいことが複数見つかりました。やりたいことが複数見つかることは、今後の人生設計の観点から、とても良いことだと思っています。参加者の皆様にとって、少しでも参考になれば幸いです。

皆さんこんにちは。本日はお忙しい中、お集まりをいただきましてありがとうございます。これから私の発表をいたします。今日は五つのことについて話そうと思います。「自己紹介」「私にとっての障害」「私のターニングポイント」「大学で得たもの」最後に、「まとめ」と。こういう切り口で話そうと思います。

まず、自己紹介。私は先天性、生まれつきの全盲で、現在は本当に部屋の明るさが一瞬分かる程度の視覚状況です。普段は、駅なんかで見たことがあると思いますが、白杖を使って歩行をしています。今このパソコンに入っているんですけど、画面読み上げソフトウエアと言いまして、それをインストールして読み書きを行っています。早期教育相談から幼稚部、高校まで、約17年間、横浜市立盲特別支援学校、私がいたころは盲学校でしたけれど、そこで学んできました。現在は、大学の情報システム学科というところで、コンピュータースキル、情報アクセシビリティとか、社会と情報の関わり的なことを主に専攻しています。来年4月からは、企業の障害者採用担当というところの配属で、とりあえず就職が決まりました。

ここからは趣味の話なんですけど、視覚障害でありながら、電車に乗っていろいろなところを歩き回るのが好きで、あとはDeNAベイスターズが好きで、福岡まで飛行機を使って日本シリーズを見に行ったりしています。

次は、私にとっての障害、障害認識です。最初の「何もできない」っていうのは、視覚障害だと認知したときに思った感情です。それからだんだん成長していって、障害って個性じゃないかなって思ったりしました。個性ってことは、健常の方よりも優れた点あるいは対等にできる点があるのではないか、例えば、自閉症の方で絵が素晴らしい方がいますが、私はPDFを除く電子データさえあれば、画面読み上げソフトウエアで対応しているので、音で聞きながら読み書きを同じようにできるかなと。私は鉄道が好きなんですが、電車の音を聞いただけで、これは何線だなあということが分かるようになりました。

私のターニングポイントなんですけれども、教員になりたいというのは、高校の時になぜ大学進学を決めたかという、その理由なんですね。それで大学のAO入試という入試システムの試験を受験したんですけれども、その時は不合格になってしまいました。そのとき、たまたま

同じクラスで私を含め3人受験してたのですが、残りの二人は合格をしてしまいました。その時私は非常にショックを受けたんですけれども、まあ、今後の進路も含めてということで大みそかに学校に行って、相談をすることになりました。とりあえず生活訓練施設に行こうということで、納得はしていませんでしたが、決めました。

ところが、3月、卒業式を終えた後で、志望大学の再募集の案内を受け取りまして、それならやっぱり受験したいと思いまして、当時の担任の先生に言うとたぶん何かあれこれ言われるのかなあと思ったので、黙って受験をして、非常に罪悪感はありましたけれども、合格をしました。

こうして大学生活が始まっていくんですけれども、前半の2年間はただ教員になりたいという夢に向かって突っ走っていった2年間でした。3年生の時から、インターンシップとか就職セミナーで様々な職種に触れることができた、これが一番よかったのかなというふうに思います。

教職課程をとっているので、教育実習をやったんですけど、その指導教官、この先生は私の元担任でして、民間企業に数年おられた後で、教育界に入ってこられた先生です。その方から民間を経験することの大切さっていうのを教わりました。

うちの学科は就職第一のような雰囲気があったので、誰彼ともなく就職活動をするような感じだったんですけど、とりあえず雰囲気に流されて就職活動を始めました。雰囲気に流されたってことなので、どんな仕事をしたいとかそ

んなことは全くなくて、最初は内容のない面接になってしまったんですけど、自己分析などを続ける中で、人事部系に自分の中で魅力を感じて、それからは勤務地よりも職種、なので家から遠い企業なども平気で応募しました。100社くらい応募して、9月に内定が決まりました。

大学で得たものですが、パソコンスキル、人間力、相手の立場に立って考えていく力、それから、人に自分の障害の程度や何をしてほしいというのを伝えるのは絶対必要だし、どうしても目が見えてないと、例えば初めて歩く場所っていうのは分からない訳ですから、駅の人とかに「どこどこに行きたいんですけど」っていうのを伝えられるようになることが必要だと思います。当時は恥ずかしくて固まっちゃう人だったんですけど、大学に行くことを通じてそういう力がついたなと思います。これはすべて生きていく力になったかなと思います。

最後、まとめなんですけど、夢をもち諦めないことっていうのは必要だし、それは何か辛いことがあった時に、乗り越えていく力になってくれると思います。来年度は企業に就職するんですけども、これは先ほどの教育実習指導教官からのアドバイスも含めて、自分で決めたことです。

最終的な目標は教員だとしても、やはり生徒たちを社会に送り出していくものとして、また視覚障害当事者として、何か経験をしておくことは、自分自身の何かを得ることができるかなあと思います。なので、今後も幅広くアンテナを張って、自分自身のステータスになっていけばと思います。

（2）Kさんの発表

> 出掛けるのが苦手だった私は高校生のときに一人の同級生から、出掛けることの楽しさを学びました。そしてチャレンジしたことで、自信に繋がり自分を成長させてくれた第一歩となりました。

　今日は私のターニングポイントということで、まず皆さんにこの1枚の写真を見ていただきたいんですけど、先日自分で出掛けた時に、たまたま「ああ、きれいだなあ」と思って撮った1枚の空の写真になります。

　今日、皆さんにお話したい私のターニングポイントは、外出できるようになったということです。私は、中学生のころまでは一人だったり、誰かと出掛けるということはとても苦手でできなかったんですけども、高等部に入ってから、ある一人の友達から一緒に遊びに行こうと誘われたのがきっかけで、出掛けられるようになりました。誘われた時も、実は3回誘っていただいて、2回断って3回目でやっと一緒に出掛けようと思うようになりました。出掛けた時は、とても緊張して、「今日一日どうなるんだろう」と思ったんですけども、その友達が、駅員さんにお願いしたり、自分で切符を買ったりという、なんでも自分で積極的にやる子だったので、その姿を見て、「わたしも頑張ろう。ああなりたいな。」というふうに思ったのがきっかけで、出掛けられるようになりました。

　そのことを通して思ったのが、私は結構消極的で、やる前からいろいろこう・・・ああなったらどうしよう、こうなったらどうしようと・・・それで行動に移せないで止まってしまうんですけども、それはちょっと良くないというか、最初は失敗してもいいので、なんでもチャレンジすることが大切なんだな、と思いました。チャレンジすることで自分の自信にも繋がって、できることも増えていくっていうことをその時に感じました。

　学校を卒業してからは、東京にある会社に勤めています。東京まで自分で電車に乗って1時間半ぐらいかかります。電車の乗り換えも3回あって大変なんですけども、やっぱり高校生の時の経験があって、今の自分に繋がっている。そこは本当に、その友達だけじゃなくて当時の先生だったり家族だったり、いろいろな支えがあって今があるので、そこはすごく感謝しています。ちょっとまとまりのない話なんですけど、何か質問があったらお願いします。

【質問】これから行きたいところとか、チャレンジしたいことはありますか？

【Kさん】今、一人旅というか、一人でいろんなところに行ってみたいな、というのがあります。私はジャニーズの嵐が好きで、嵐は結構人気でなかなかチケットが当たらないんですけど、地方とかでライブがあって、一人で新幹線に乗って行ってみたいなと思います。今日も名古屋のライブがあって応募したんで

すけど、残念ながら外れてしまって・・・まあそのおかげでここでお話ができたので、よかったなと思います。

【質問】友達に声を掛けられる前に、お家の人や先生に「遊びに行ってみたら」と言われていましたか？

【Kさん】何度も言われていて、「一緒に行こう」と休みの日に先生がわざわざ来て一緒に出掛けたりしてたんですよ。先生ということもあって甘えてしまう自分・・・私は子どもで先生は大人だから、何かあったら先生が助けてくれるんだろうと。同じ年齢で、友達で、しかも同じ車椅子っていうのだと、たぶん刺激が違う。あとたぶん、若干負けず嫌い。その友達ができるんだから、私もやればできるんだというふうにいろんな刺激を受けたおかげだと思います。本当にその友達はアクティブで、誘うっていうこともすごくやれる子なので。私はどちらかというと、自分から誘うというよりも誘われたら行くっていうタイプなので。学べるところは本当にたくさんあるなあって思いました。

【質問】その友達とは今も仲良くしているんですか？

【Kさん】卒業して、お互い就職して、忙しくてなかなか予定が合わないんですけども、電話ではよく懐かしい話をします。今日もこれがあるっていうのを伝えて、でも予定が合わなくて。

【質問】今度は自分から友達を誘ったりしてみたいですか？

【Kさん】できればしたいですね。高校生の時に仲良くしていた友達がいるので、いつもお母さんと一緒だったので、できれば二人で行けるといいなと思います。

【質問】後輩の人たちにあなたの立場から、何かアドバイスはありますか？

【Kさん】そうですね。最初は不安もあると思うんですけど、まずはいろいろチャレンジしていただいて、それには周りの先生たちのサポートも必要だと思うので、先生たちにどんどん頼って、いろいろなことにチャレンジして、失敗とか成功とか関係なく、やるっていうことが一番大事です。学生ならではで、できることもあると思うので、いっぱい遊んでいろんなことにチャレンジしてほしいなと思います。

（3）Lさんの発表

> パソコン部での活動を通した自分の経験を、少しでも多くの方に分かりやすく伝えられるように努力したいです。

　日野中央高等特別支援学校では、僕が入学する前から何人もの先輩方がパソコンの検定の一級に合格し、数々の功績を立てていました。僕もその噂を聞きつけ、中学2年の頃から日野中央高等特別支援学校に入学を目指していまし

た。
　中学を卒業して日野中央高等特別支援学校に入学した後、真っ先にパソコン部に入部届を提出しました。

　入部してから最初の3か月間はタッチタイピングの練習やワード、エクセルの使い方など、基礎的なことから始めました。顧問の先生や先輩方の指導もあって、僕はパソコンの知識を順調に学んでいき、入部してから3か月後には10分間に700文字ぐらい文字を打つことができました。そして7月になって、最初のパソコン検定の季節がやってきました。僕と同じ時期に入学した1年生たちは、3～4級など、最初の検定にふさわしい級を受けていたのですが、僕はそこで1級に挑戦しました。自分の実力に自信があったのも確かですが、何よりも1年生の初めての検定でいきなり1級の検定に合格する、その偉大さを当時の僕は知っていたので、1級に挑戦しました。当時のパソコン部では、1年生で1級に合格している人は、誰一人としていませんでした。今ここで僕が1級に合格すれば、部内での地位を一気に高められる。1年生で初めて1級に合格した男として尊敬される。結果的に気持ちがいいという理由で、顔がにやけるのをこらえていました。

　顧問の先生から「L君は何級に挑戦するの？」と聞かれたので、僕は自信満々に「はい！ワード検定1級に挑戦します。」と答えました。「ここで1級に合格して、僕のパソコン部ライフは偉大な幕開けでスタートするんだ！」と妄想を膨らませていると、「僕も1級に挑戦します！」という声が聞こえてきました。声の主は、同じパソコン部の1年生のN君という人でした。正直、僕は自分のことしか考えてなかったので、同じ1年生のことなど気にしていませんでした。そんな僕が彼に対して抱いた感情は・・・「なんだ、こいつ。どこの誰だか知らないけど、お前が1級を受けたら、1年生で初めて1級に合格した男という称号に傷がつくんだよ。前代未聞の、唯一無二の、この俺の伝説を邪魔しやがって。」その想いをこらえながら、僕は彼の1級挑戦を黙って受け入れるしかありませんでした。

　それからパソコン部では、本格的に検定に向けて練習が始まりました。隣でN君が練習していると、気になって仕方がありません。「よりによって、何でお前も同じタイミングで・・・もしかしてお前も狙ってるのか？俺と同じタイプの人間なのか？」様々な考えが混じる中、僕は自分の1級合格のことだけを考えて練習に向き合いました。そんな思いの僕に対して、N君は遠慮なく質問してきます。N君が「L、この入力の仕方、分かる？」と尋ねてくると、「先輩に聞けよ・・・っていうか、何で俺に聞くの？俺の邪魔をして、自分だけ1級に合格しようって腹か？」と僕の心の中の疑念は全く収まりませんでした。そんなこんなで時間は過ぎ、ついに検定当日となってしまいました。僕は全力で

検定に打ち込みました。練習問題や先生の指導、くしくもN君に質問された問題、これがちょうど検定の問題で出てきたので、検定は順調に進みました。

そして、あっという間に1週間が過ぎ、合格発表の時がやってきました。校長先生から次々に検定合格者の名前が呼ばれる中、僕は・・・呼ばれました。

1年生で初めて1級に合格することができました。前代未聞の唯一無二の称号を得ることができました。それから、校長先生の口からN君の名前が呼ばれることはなかったです。それで合格者発表が終わりました。表彰台に上がり、校長先生から合格証書をもらい、振り返ると生徒全員を見下ろす形となっていました。すごい気持ちよかったです。元々僕は表彰台に上がる機会がなかったので、これ程までに爽快なものかと実感することができました。そしてこの位置から、僕の称号を脅かしたあのN君が一体どんな表情をしているか、どんな思いで僕を見上げているのか、そんな彼を見てみると・・・泣いていました。尋常じゃないくらい号泣していました。

彼の涙を見た瞬間、僕は彼に対して抱いていた感情が頭の中を一気に駆け巡りました。「今思えば、彼が練習のとき、先輩ではなく僕に質問してきたのも、同じ1級を受ける者同士、二人で協力して検定に合格したかったから・・・。

なんでそんな簡単なことにも、僕は気が付かなかったんだろう・・・。僕は今まで何を考えていたんだ。」圧倒的な後悔が心を締め付けるのでした。表彰式が終わり、教室に戻っていくN君の背中に、「次は二人で合格しよう」と心の底から言うことができました。

パソコン部は個人競技で自分のことさえ考えていればいい、それまでそう思っていましたが、彼の涙を見た後、誰かと協力し苦労を共有し、一つの目標に対して共に向かっていく、それこそが僕に必要な、検定よりも大事なスキルだったんだと分かりました。それから僕とN君は、パソコン部の部長と副部長となり、パソコン検定の1級をそれぞれ8個以上取ることができました。

今でも彼の涙を思い返すと、愚かだった自分と協力することの大切さを思い出します。彼の涙こそが、僕の人生の分岐点であり、何よりも代え難い僕のターニングポイントです。

5．参加者のふり返りから

◇ 実際の卒業生たちの生き生きとした姿に感動しました。こんな子どもたちに育てていきたいと思いました。また、卒業生の姿を見て、自分の仕事の重要さを改めて実感しました。

◇ 「わたしのターニングポイント」がとても心に残っています。目の前の子どもに精一杯ですが、卒業して今を生きている皆さんの姿に触れ、具体的に卒業後の姿をイメージして取り組んでいきたいと思いました。

◇ 聾学校の卒業生の方が卒業後に会社で「発声練習支援システム」を開発したことがター

ニングポイントであると発表しました。それだけでも素晴らしいのですが、それを聞いていた福島県から参加された先生が、そのシステムを学校で子どもたちの指導に活用していて、子どもたちがそれにより主体的に発声練習に取り組んでいるとお話しくださいました。そのお話を聞いた卒業生の素敵な笑顔が強く印象に残っています。

◇ 参加してくれた卒業生のうち、ごく一部ですが週明けに感想を聞いてみました。「ターニングポイントを考えることがなかったので難しかったのですが、"初心"の自分と向き合うことができてよかったです。」「話をしているうち、どんどん気持ちよくなりました。卒業してから先生たちが在学中とは違う関わりをしてくれるのがうれしいです。」と伝えてくれました。菊地一文先生の言葉にもあったように、「学校教育終了後も彼らの『学び』や『育ち』は続いている」喜びを感じた瞬間でした。

6．まとめとして

本当ならば、発表者全員の内容を掲載したいと思うほど、どの発表も、企画者である元担任や進路担当者の期待を大きく上回る内容であり、学校を卒業した後もキャリア発達は続いていくということを、私たち自身が体感することができた。

また今回の発表では、それぞれの発表者が様々な工夫をして個性的な発表を行っていた。プレゼンテーションソフトで発表内容を作成しそれに沿って話した人、一枚の写真からエピソードを語りターニングポイントにまつわる話をした人、たくさんの写真を大型 TV に写して今の自分を語った人、素敵な自作の作品を飾った中で話した人、得意なダンスを踊った人（同じ部屋で発表した違う学校の卒業生がダンスでコラボレーションした場面も・・・）、丁寧に原稿を書いてきた人、自分でホワイトボードに発表内容を書いて説明した人、「個別の支援計画」をボードに貼って進路先の方と一緒に説明した保護者の方、自分で描いた何枚ものイラストを見せながら話した人・・・。また、会場となった港南台ひの特別支援学校の最寄り路線である JR 京浜東北線が沿線の火災で止まってしまうというハプニングの中、迂回して会場に駆けつけてくれた卒業生もいた。

今回、自己をふり返り、伝えたいことや、その内容をよりよく伝えるための方法を考え、忙しい中で準備をし、初めての場、初めての聴衆という緊張の中で立派に発表してくれた卒業生の皆さんは、横浜の宝であり、私たちの誇りである。

今回の「わたしのターニングポイント」での卒業生の発表を真摯に受け止め、丁寧に読み解いていく取組を通して、私たちは卒業生に学び、これからの取組の中にその学びを生かしていかなくてはならない。

第Ⅲ部 ｜実践｜ 第1章 横浜大会における実践

テーマ別ディスカッション
他者との対話から自分との対話へ
～これからの行動指針を見つけよう～

1．テーマ別ディスカッションの概要

　テーマ別ディスカッションは、横浜市立若葉台特別支援学校が開設当初から取り組んできた「キャリアデザイン相談会」をモデルとした企画である。

　大会の二次案内に次のページに示す企画の趣旨を掲載し、参加申し込み時に参加希望のテーマとそのテーマに関するレポート（現状と課題）を提出してもらった。そのレポートの内容を基に、テーマごとに4～6のグループ、計18グループを編制し、各グループの司会・記録・話題提供者を事前に依頼した。（「司会」はこれまでの大会への参加回数が多い方から、「記録」は横浜大会実行委員会メンバーからとし、「話題提供者」は提出されたレポートの内容によって決定した。）

　また、研究会役員にテーマごとのディスカッション後の助言と、全体への報告を依頼した。

　今回のテーマ別ディスカッションは、話題提供者のレポートに対して答えを導き出すことを目的としていない。若葉台特別支援学校での5年間にわたる実践の中で、生徒たち自身が「キャリアデザイン相談会」の「他者との対話」から「発見」と「共感」を得て、「自分との対話」を経て自分自身の行動指針を見つけてきた、そのプロセスを参加者に体験してもらうことを目的としている。（詳しくは『キャリア発達支援研究 Vol. 3』P110～115を参照）

　そのため、司会の方にはディスカッションの進め方として、事前に次のようなことをお願いした。

① 最初に、今回の目的を皆様と確認してください。
② グループの中で、最初の話題提供者になっていただく方をお願いしてあります。その方にレポートの内容をお話しいただき、ディスカッションを始めてください。
③ ディスカッションでは、最初の話題提供者にレポートの詳細、困っていること悩んでいることなどをお話しいただけるようにお声掛けください。（最初の話題提供者の方には、5分程度で、とお願いしています。）
④ その困っていることや悩み、課題などを皆さんで議論したり、アドバイスしたりしてください。
⑤ 自由に議論する中で、それぞれの参加者がもっている課題についての話が出てきたり、共感や提案があったりすると思います。そのような意見を尊重しながらたくさんのア

キャリア発達支援研究会　横浜大会　**テーマ別ディスカッションについて**

他者との対話から自分との対話へ
～これからの行動指針を見つけよう～

≪今回のディスカッションの目的≫

1　参加者が悩みや課題などを他者に相談し、様々なアドバイスをもらうことを通して、自分自身をふり返ること。

2　その上で、自分自身がアドバイスの中から解決方法を見出し、次の見通しを持ち、主体的に前に進んでいくこと。

「他者との対話」とは

　他者と対話することで「発見」と「共感」を得ることができます。「発見」とは直面している課題に対して自らが気づかなかったことに気づくことです。

　また「共感」は、自分の行動に対する「意味づけ」「価値づけ」を強化してくれます。このような「他者との対話」では「自分の考えをしっかり伝えること」「アドバイスに耳を傾けられる柔軟さ」が重要です。

「自分との対話」とは

　自分との対話では自分と向き合う姿勢が問われます。

　「他者との対話」から得た「発見」や「共感」を（もしかしたら批判や否定と感じてしまうことも）一度飲み込んで、何故そのような「発見」や「共感」があったのか、そのことは自分の成長にどう関わるのかを考え、次の行動指針を見つけて行動することが重要です。

　「他者との対話」から「自分との対話」に繋げるため、グループで一つの答えを導き出すことは特に求めません。それよりも、多くの意見や考え方の中から、自分自身が自分なりの答えや行動指針を得て、次に向かうための活力となるようなディスカッションがもてるように意識しましょう。

ディスカッションのテーマ

参加したいテーマを選び、そのテーマに関する現状と課題を、エントリーシートに入力してください。

A　キャリア発達を促す組織経営

組織経営をしていく際に個々の職員が、様々な能力や資質を組織のために発揮してもらうことが、より良い組織経営につながる。どのようにしたら職員が能力を発揮できるかについて、各組織の取組をもとにその成果や課題を共有し、より良い組織経営に活かす。

B　キャリア発達支援の視点でふり返るこれまでの取組

今まで実践してきた授業実践や取組を共有し、キャリア教育の視点でその実践を再定義する。

C　学校（学部）間連携と他機関連携

一人一人の子どもを中心とした一貫性のある移行期の縦の連携や、教育・医療（療育）・福祉をつなぐ横の連携の重要性や難しさを共有し、今後のよりよいつながりを実現するために必要なことを、様々な角度から考えていく。

D　社会に開かれた教育課程と地域との協働

地域と協働して展開している事例や展開しようと考えているが実践に至らない例など、地域との関わりの中で出てきた成果や課題をあげ、地域の物的・人的資源を有効に活用し、よりよい社会を共に作るための方策を考える。

イデアが出るように配慮してください。
⑥ 特にグループで方向性を打ち出したり、結論を出したりする必要はありません。悩みに対してみんなで共有や共感ができるといいと考えています。皆さんがふり返った時に良いディスカッションだったと感じられることが一番の目的です。（井戸端会議のような感覚です。）
⑦ おおよそ２時間の時間を取ってあります。

一つの話題から皆さんの話題に広げても構いませんし、一つの話題が終わったら新たに話題提供してもらっても構いません。

当日は、改めて企画の目的と進め方を全体で共有した後、グループに分かれディスカッションを開始し、終了後に記録を撮影した画像を投影しながら、助言者からの報告を全体で共有した。

２．各グループの概要について

> **テーマＡ　キャリア発達を促す組織経営**
> 組織経営をしていく際に個々の職員が、様々な能力や資質を組織のために発揮してもらうことが、よりよい組織経営につながる。どのようにしたら職員が能力を発揮できるかについて、各組織の取組をもとにその成果や課題を共有し、よりよい組織経営に活かす。

A1・A2 グループ

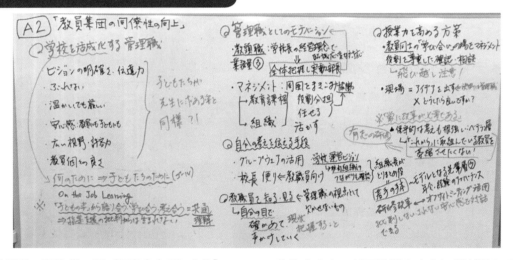

【助言者：森脇 勤 氏（研究会会長）より】
　各グループの話をまとめるというのは非常に難しい。両グループとも、学校組織における先生方のキャリア発達を中心に話が進んでいた。対話をしていこうということ、そして違いの中から自分の中に何をどう取り込んでい

くかということについて、グループ内での話を通して、先生方は非常に学びがあったのではないかと思う。具体的には、連携の問題、先生の意欲をどう育てるかということ、人材育成、組織づくりなど様々なことに関しての学びがあったと思う。

参加者に「学校を活性化する管理職をどのようにイメージするか」と尋ねてみた。「ビジョンが明確な人」「考えがぶれない人」「温かくて厳しい人」「安心感の中で仕事をさせてくれる人」「広い視野や許容力がある人」「教員間の個々の良さを生かしてくれる人」など、こういった管理職像を一人一つずつ出してもらった。これは全部、子どもが担任に求める姿と同じではないか。こういう話をしていると、また違うものが見えてくるものである。

先日、ある研修会で聞いたキーワードの中で、「視座」と「視点」というものがあった。例えば「生きる力」は視座であると思う。「視点」はどんな角度から見ていくかという、見方や考え方のこと。ICFも視点であって「視座」とは違う。そういうことを考えながら議論して対話していくと、自分の中に取り込んでいくものもまた違ってくるのではないかと思う。

A3・A4グループ

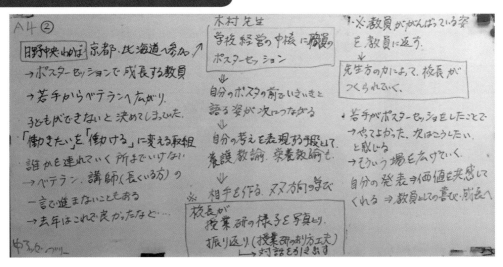

【助言者：木村　宣孝　氏（研究会副会長）より】

組織経営、組織づくり・・・これらについては、キャリア教育が導入されて意識されるようになってから、今までずっと難しさが語られてきた。学校経営はそもそも、広大な銀河宇宙ほどの要素がたくさんあるので、もっともなこと。話題の中では、職員が活性化する学校の諸活動にはどんなものがあるかなどが話題になり、参加者はお互いに非常に刺激を受け合ったかなと感じている。

自分の経験から職員のポスターセッションが非常に有効だと強く実感しているため、この話題についてグループの話に割って入った。その中で「先生方の力によって校長が作られていく」

という言葉が参加者から出されたが、これは名言だと思う。つまり、そこに対話があり相互作用が生まれているということ。

キャリアの特徴は、単体で動くものではなく、関係によって、相互の作用によって発達していくこと。

そのため、大事なのは関係性である。先生方が同僚や保護者、子どもとどんな関係を作れるか。そして、関係を改善しようと思うなら、まずは私たちが変わってみよう、関係性を変えてみようというこちら側の在り方が大切。キャリア教育は子どもに対する教育のようで、実はその中心は私たちの在り方にある。これが私の10年やってきた到達点でもある。

また、今の中教審の育成の方向性は、正解を教えるのでなく子どもたちが納得できる考え方を身に付けていくこと。「納得解」という言い方をするが、主体的・対話的で深い学びの目標は、子どもたちが納得解を得ていけるようにすることである。それは実は、私たち自身のテーマでもあるが、キャリア教育への向き合い方や立場によって語られる情報が様々なので、キャリア教育は分かりにくい、どうもすっきりしないという状況にみんなが陥っている可能性がある。自分の納得解をどうやって見つけていったらよいか、そこを大事にしないといけない。否定的な見解を示す方もその人なりの考えがあり、そこをちゃんと尊重し認めながら、やはり対話によってそれぞれの納得解を作っていくということもとても大事なことではないかと考えている。

> **テーマＢ　キャリア発達支援の視点でふり返るこれまでの取組**
> 今まで実践してきた授業実践や取組を共有し、キャリア教育の視点でその実践を再定義する。

B1・B2・B3 グループ

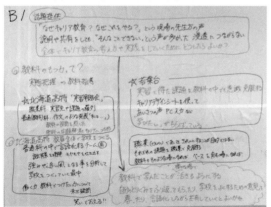

【助言者：清水　潤　氏（研究会事務局長）より】

グループの中では、冒頭からうなずきや笑いが起きて、非常にいい対話が行われていた。「いいね」という言葉も出ていたし、途中、グルー

プ内で軌道修正するなど、非常にいい形で進んでいた。今回の目的の「自分との対話」はどうだったか、聞いてみたところ、8割方の人が手を挙げていたので、よかった。ただ、時間内では難しいところもあったので、この後、振り返りをしてもらえればよいと思う。その振り返りのとき、様々な校種、職種の方が参加しているので、それぞれの立場の視点からの発言であるということも理解していただければと思う。

内容としては、「なぜキャリアか」、「授業づくり」、「一般就労を目指すうえでの3年間で育てたい力」など、様々出ていた。

話のスタイルとしては、一つの話題提供を具体的に深めていくというグループもあったし、参加者の共通課題を見つけて掘り下げ、また次の課題を見つけてというスタイルのグループもあった。

今回はキャリア発達の視点でふり返るということだったので、今後、参加者が共通理解をし、確かな実践を進めていくために、次の3点の話をした。

1点目は、キャリア発達、キャリア教育の定義、捉え方について。

2点目は、新学習指導要領に示されている、キャリア教育の充実の部分の「特別活動を要に」という捉え。学級活動が中心になるが、学級経営の中で学級担任が俯瞰するとか横断的に見ていけるということも大事ではないかということ。

最後に、各都道府県や市区町村での計画にも目を通していくとよいのではないかということ。

これらを通して、基礎的なことや基盤となることの理解を進めていけるとよい。

B4・B5・B6 グループ

第Ⅲ部 |実践| 第1章 横浜大会における実践

【助言者：武富 博文 氏（研究会事務局次長）より】

ディスカッション後の助言は、まったく視点を変えて協議の進め方について話をした。冒頭の自己紹介を簡単に済ませ話題提供に入ったグループと、各自が持ち寄ったレポートをもとに少し深く自己紹介をした後、話題提供者の話題に触れるという展開をしていたグループがあった。また、グラフィック（記録）がとても丁寧で分かりやすいグループもあった。協議の流れや展開、プロセスを丁寧に追っていることと、何について話しているかを分かりやすく、しかも吹き出しや色使い、四角囲みなど、とても丁寧にまとめていた。

進行役（司会）もおそらく協議進行の柱をもっていたと思うが、それぞれの話題提供者の内容、発言者の発言の内容に即して、無理に協議の柱を押し付けるわけではなく、非常にスマートに引き出しながら、参加者相互に情報交換をしていくというような、ファシリテーションの在り方としては、理想的な進め方だった。

グラフィックの担当者は、「その意見の要点はどこか」など、書き込みをしながら思うこともあるのではないか。グラフィックとファシリテートに役割が分かれるときには、コンビネーションが重要だと思う。

内容については、B4グループは、「子ども自身の想い、願いに向き合う取組の進め方」について、子どもの願いの重要性、本人が願いの核心に気付いているか、また教員が願いの核心に気付いているかということの重要性、子どもと教員の情動の共有の重要性、などを中心に話を進めていた。

B5グループは、学習や行事に向かう力をより確実なものにするために、本人の得意なことを手掛かりにして、自己有用感を高めながら、学習を構成していくことについて幅広く情報共有を行っていた。

B6グループは、新任である話題提供者がこの半年間の授業実践を振り返り、特に生活単元学習の中の折り紙の学習について試行錯誤を繰り返しながら子どもたちが取り組む姿、変容していく過程で、自身も教員としての喜びや楽しさを実感したという話だった。各学校の教育課程編成や学校づくりといった壮大なテーマについて情報交換、意見交換がされていた。

テーマC 学校（学部）間連携と他機関連携

一人一人の子どもを中心とした一貫性のある移行期の縦の連携や、教育・医療（療育）・福祉をつなぐ横の連携の重要性や難しさを共有し、今後のよりよいつながりを実現するために必要なことを、様々な角度から考えていく。

C1・C2・C3・C4 グループ

【助言者：菊地 一文 氏（研究会常任理事）より】

このテーマは古くもあり新しくもあり、どんな場所でも課題となる組織的取組や連携協働の話で、他のグループのテーマとも重なってくる。

キャリア発達支援研究 Vol.5

3 大会企画② テーマ別ディスカッション 他者との対話から自分との対話へ

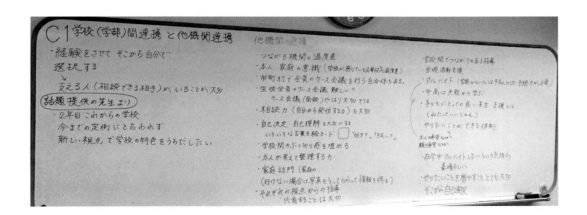

突き詰めていくと教員のキャリア発達にも関連するテーマである。

二つのグループが、学校内の様々な立場を超えてどんなふうに一つの物事に向かっていくのかということで、各校の取組を踏まえた方策について意見交換していた。残る二つのグループは、主に移行期を中心として、関係機関を超えた子どもを中心とした支援の繋がりや、家庭との連携の話ということで議論していた。

私からは、それぞれのグループでいい意見や課題が出たところを踏まえ「組織的取組」「連携・協働」を進める上で大切にしたい５つの共有、①「思い」の共有、②「情報」の共有、③「目的」の共有、④「方法」の共有、⑤「プロセス」の共有について話した。

連携することによって、課題が解決されるとか、負担が軽減されるとか、あるいは課題は解決されないが何らかの対応方策が見出せるとか、何も変わらなかったかもしれないけれども気が楽になるとか、何らかの効果があるから連携することに意味を見出していけるのだと思う。

そして、各グループの中で様々話されたことを聞きながら、私なりに三つの場の可能性があるのではないかと考えた。

一つ目はインフォーマルな場。オンザフライミーティングという言葉もあるが、立ち話とか職員室のちょっとした話とか、この会でもよく話題になるが、かつてのタバコ部屋などの場所がもっていた機能に着目していくこと。インフォーマルな場で話してすっきりするというのでなく、そのことがフォーマルな場に繋がって展開されていくとか、課題解決のためのアクションに繋がっていく、更なる一歩が必要であるというのが一つ目の場である。

二つ目は、所属や組織を超えて一つの物事に取り組んで協働していく場をどう作っていくかということ。校内研究とか、ケース会議とか技能検定等のプロジェクトというのはまさに所属や組織を超えて一緒に作っていくという場になるので、そこをうまく使っていく。

三つ目は、所属や組織を変わって経験する場。期間限定の人事異動や学部を超えて他の学部の価値づけをするとか、あるいは産業現場のインターンシップに付き添いで行くとか、いろんな機関の中に身を置いてみるということを試行さ

れているところもあったりする。
　これら三つの場の可能性を考えて、それぞれの場の内容に目が行きがちではあるが、機能にも目を向けていこうではないかという話をした。

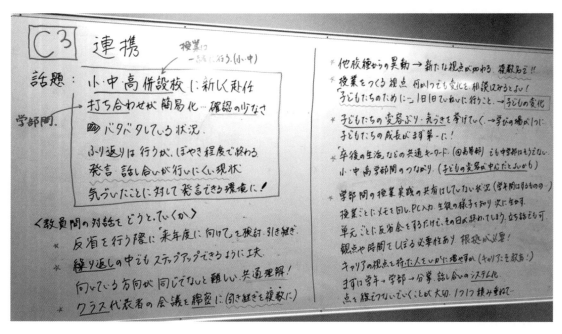

テーマD　社会に開かれた教育課程と地域との協働

地域と協働して展開している事例や展開しようと考えているが実践に至らない例など、地域との関わりの中で出てきた成果や課題をあげ、地域の物的・人的資源を有効に活用し、よりよい社会を共に作るための方策を考える。

D1・D2グループ

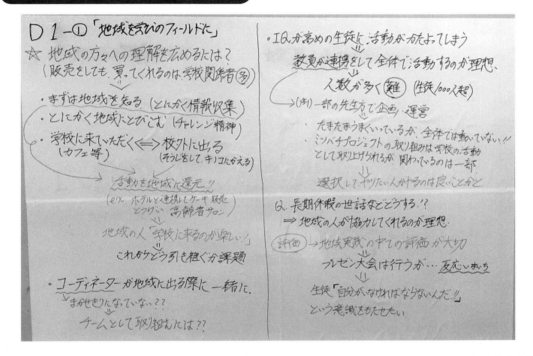

【助言者：松見 和樹　氏（研究会常任理事）より】

　私の担当グループは「社会に開かれた教育課程と地域との協働」というテーマで、いろいろな話が出た。面白いことに地域の話なのだが、話の内容が校内のことに移ってきたり、教職員間の連携や共有、それを学校の中で一体的に行っていくにはどうしたらよいかなど、校内の問題の方に目が向いてきたりしていた。そういった話を聞いた中で感じたことをまとめとして話した。

　一つ目は、地域を知るということは大事だというと。二つ目は、校内で様々なプロジェクトがあるが、それがなかなか繋がらないこと。他のプロジェクトがどこと繋がって何をやっているのかが分からなかったりする。そうならないためにはどうしたらいいのかという話があった。三つ目は、地域に出てキャリア発達支援を行っているとき、その評価をどのようにしているかということ。どんなプロジェクトが展開されているかを聞いてみると、すでに新しい方向

に向いているのではと感じた。地域との協働の話が校内の話になってきたというのも、新しい課題の一つではと思う。

　地域活動をしていて、今までは先生方が地域とつないできたが、生徒も地域のことを知るようになってきたし、いろいろな課題が分かるようになってきたので、これからは生徒自身が考えてプロジェクトを展開していくというのが可能になってくるだろう。そうなると今までは例えば、「生徒たちが役割を感じていい活動をしたなあ」という振り返りだったが、今度は生徒たち自身がプロジェクトを立てて自分で考えてやってみる。失敗したっていい。そんな中で、どういうふうに取り組んできたかという「過程」が評価として出てくる。過程の評価が入ってくるというのが、これからは非常に大事になってくるのではと思った。

　そしてもう一つは、地域も変わっているということ。取組を進めると地域もどんどん変わってくる。そういう循環になってくるのではないか。

　これからの新しいキャリア発達支援ということでいうと、地域の中ではもう新たな展開を見せ始めている。今回、そういうことが分かったのではないか。その中で今度は生徒たちがどういう活動を地域で広げていくか、それをどう支援していくか、それが大事になってくると思う。

D3・D4 グループ

【助言者：渡部　英治　氏（研究会理事）より】
　社会に開かれた教育課程と地域との協働ということがテーマだが、グループによって話の質が違った。

　D3グループは、単一の高等部の学級で、実態差がだいぶ大きいところ、いわゆる障害が重いという生徒にどのような支援をしていったらよいのかということで話が進んだ。一つの悩みに対して、真摯に意見を述べているアットホームな感じの進め方だった。選択肢の出し方や、思考が働くようなやり方、目標と内容の工夫の仕方など最終的には進路選択でどう選ばせるのかというところが話題に出たが、参加者から「『選ばない』という選択もあるのでは」という助言が出た時に、みんながアッというような気付きになった。提案者にも、「教員は何かさせなくては、選ばせなくてはという思いがあって、それにはまってしまうとつい見失ってしまっていた」というような気付きがあった。

　D4グループは、学校統合で新しい高等支援

学校を創るためにハードの整備で最前線に立っているという提案に対し、意見が欲しいということで進んでいった。

司会者が赤など色付きの付箋にキーワードをたくさん書いて提示し、いろいろな話題が参加者から出てきた。「地域の人が集える場」というキーワード、「地域と繋がる活動を」というキーワード、さらには「質を高めるということも必要ではないか」ということ、さらに進んで、そうなると「やはり教育課程だよね」と話が進んできた。それを「どう変えていくのか」という話題にも繋がり、最後には「生徒たちにどんな力をつけるのか」というところまでいった。ハードをどうするかというスタートだったが、いろいろな意見の中で話が進んでいき、これという結論ではなかったが、最後に提案者も、「新しい一貫した教育」というところに力をもらったということで、当初の目的はある面、達成できたのではないか。そして、「これから」というところではと思う。

「特別支援教育におけるキャリア教育充実のための web サイト」担当者としては、帰りの電車や飛行機の中など、時間があるところで、この成果をぜひ web に書き込んで欲しい。

3．参加者のふり返りから

◇ テーマ別ディスカッションでは、話題提供をさせていただきました。自分の中の暗黙知が、皆さんとの対話の中で様々な気付きを得たり、既知のものを改めて確認し、深めたり、納得解を共有することができたとても価値のある時間となりました。
◇ 様々な立場の方々との情報交換、対話を通

した学びが叶い、視点を変えた捉え方をすることができました。
◇ 話題の提供から対話させていただいたことで、今後に繋がる意見をいただくことができた。
◇ テーマ別ディスカッションでいろいろな立場の人が集まって話すことが大切だと思った。本人のニーズについて、どのような視点をもって明らかにしていくかというのは、どのような教育の場でも大切だと感じた。
◇ ディスカッションでは、対話することを通して、学びを深め、自分の実践をふり返るきっかけになりました。立場の違う方々からの話は、多面的に考え、新しい視点に気付く機会になったとともに、自己のグループだけでなく、他のグループの協議についても視覚的に共有できてよかったです。
◇ ２日目のディスカッションは、ある生徒の自己選択や自己決定をどのようにしていけば引き出していけるのか等の話題提供者の先生の悩みについて、グループで話し合いました。各メンバーから様々なアイデアが出され、グループ内での意見交換がアットホームな雰囲気の中、活発に行われました。それぞれの意見に対してメンバーがうなずきながら聴き、また、こういった点はどうかなぁと話の内容が広がり、そして深まっていきました。そのことを身をもって体験しました。話題を提供された先生もいろいろなアイデアが得られてすっきりされていましたが、参加メンバーそれぞれが対話をすることで、深い学びを得ていたのではないかと思います。参加できてよかったです。

こういったグループディスカッションを、本校でも拡げていきたいと考えます。

◇ 2日目のフリーディスカッションでは、司会の役割をいただき、グループのメンバーに助けられながら何とか進めることができました。リーダーを育てるのはメンバーであることを実感しました。メンバーがそれぞれの立場での率直な意見を出してくれたので、管理職側の見方と現場側の見方、若手の見方とベテランの見方など、相反する立場の人の意見を聞くことができ、異なる価値観を共有することができました。木村先生のまとめでは、「キャリア発達は『相互発達』である」「関係性の中で発達していく」などの名言をいただき、悩んでもいいことを確認することができました。

◇ ディスカッションでは、提案していただいた内容を出発として、それぞれの学校での悩みを共有することができました。キャリアという言葉が出てしまうと堅苦しくなってしまうことや、今やっていることは何のために行うのか、学びの確認、また子どもの変容や目標を話し合う時間を設けることの大切さ等、多数挙げられ、そして多くのアイデアが出されました。話合いを進めていくうちに、課題解決というよりは自分自身、頑張ろうと励まされているという思いになりました。結論は出ないものの、対話を通して、発見と学びがあり、貴重な時間を過ごすことができました。

◇ 今回、ディスカッションの司会という役割をいただき、貴重な体験をさせていただきました。事前に目的などを確認し自分なりにイメージをもって参加したつもりでしたが、当日は自分の役割を見失ってしまっていました。グループの皆様の積極的な発言に大変助けられ、「対話」を通した学びはそこにはあったと思いますが、司会者としての役割は果たせていなかったと反省しておりました。「拡散と収束」「意見を整理して絞り込む」「まとめる」ことや、情報を視覚化することとグラフィックとファシリテーションのコンビネーションの大切さなど、助言者の先生方の講評で、あらためてファシリテーションの役割や意義について学びました。

4．まとめとして

テーマ別ディスカッションでは、司会・記録・話題提供を担当してくださった皆様、また参加者の皆様のご協力のおかげで「他者との対話」から「発見」と「共感」を得て、「自分との対話」を経て自分自身の行動指針を見つけていく、そのプロセスを体験していただくことができたのではないかと思う。また、助言者の皆様には、テーマに関すること、テーマとキャリア発達支援の関係に関すること、ディスカッションの機能や在り方に関することなど、幅広い助言をいただき、企画の意図を大きく超える学びを参加者の皆様に提供していただいた。急なお願いにも関わらず、助言・司会・記録・話題提供をご快諾いただいた皆さまには、心より感謝申し上げたい。

このテーマ別ディスカッションの原型は横浜市立若葉台特別支援学校で行っている「キャリアデザイン相談会」である。「3．参加者のふ

り返りから」にもあるように、これまでのキャリア発達支援研究会でのディスカッションとは違う部分も多く、慣れないディスカッション形式で戸惑いもあったかと思う。

少しだけ補足をさせていただくと、今回の企画の目的は59ページに示したとおりだが、校内の「キャリアデザイン相談会」について生徒に説明する時には、次のポイントを伝えている。

① 「相談してよかった」と思えるようになること。
② そのためには話を肯定的に聞くことで「共感」と「共有」をすること。
③ 自分自身の経験からアドバイスし、決して押し付けないこと。
④ 最後に決めるのは自分であり他者の意見から選ぶのは自分。なのでその場での結論は求めないこと。
⑤ 人の意見を集中して聞き、話すためにメモは取らないこと。

今回のディスカッション開始前の全体説明でこのポイントも伝えていれば、参加者の皆様の戸惑いも少なくなり、より取り組みやすかったのではないかということが反省として挙げられる。

若葉台特別支援学校では、このような取組を通じ、生徒たちが目覚ましくキャリア発達した。今回体験していただいたディスカッションの形式も引き出しの中身の一つとして有効に活用していただければ幸いに思う。

また、今回の企画の成果と課題をふり返り、参加者の皆様と共に得た学びを踏まえ、横浜の各校での取組をさらにブラッシュアップしていきたい。

第III部 実践

第2章

キャリア発達を促す実践の追求

第Ⅲ部 ｜実践｜ 第2章 キャリア発達を促す実践の追求

地域との連携による模擬株式会社の取組 ～地方創生に向けた共生社会の担い手を目指して～

北海道函館聾学校教頭　髙嶋　利次郎

　平成9年に農業を基幹産業とする北海道今金町に北海道今金高等養護学校（以下、本校）が開校して以来、今金町では、様々な就労支援事業を進め、地元就労を増やす努力が続けられてきた。近年、本校では入学生の1/3が中学校の通常の学級出身者が占めるようになり、生徒の実態が変化してきた。生徒が地域の産業と社会の担い手となり、生涯にわたって働き、社会人として生活していく力を育成するために「協同学習」を取り入れ、主体的・対話的で深い学びの視点を踏まえた作業学習を目指すとともに、保護者と協力した模擬株式会社を設立し、「会社の仕事」として作業学習に取り組んでいる。
　本稿では、模擬株式会社等の実施による生徒の意欲の高まりと職業能力の開発を目指した取組を紹介する。
◆キーワード◆　社会に開かれた教育課程、模擬株式会社、キャリア教育

1．模擬株式会社の設立

（1）設立に至る経緯

　本校の作業学習は、これまで教師の指示に沿った生徒それぞれの個人作業になっており、生徒自身が課題を発見し、話し合って解決する活動とはなっていなかった。これからの社会の動向としては、相手目線で考えて話し合い、新しい商品やサービスを工夫したり開発したりする能力が今まで以上に求められるようになると考える。一方、本校の入学生の1/3が中学校の通常の学級の出身者で占められるようになり、実態が多様化してきた。また、中学校時代に不登校の状態であった生徒が入学してくるケースも増えてきた。このような生徒の中には話しことばの力や知識に比べて社会性の発達に困難があり、障がい認識と自己理解が難しい生徒も増えつつあり、現場実習に不安を感じて参加できない状況も見られるようになった。生徒自らが社会で働くために必要な準備とは何かを考え、気付けるようになるためには、認められたり感謝されたりする場面設定が必要不可欠である。校外での受注作業（地域協働活動）では、生徒は関係機関の職員に準ずる存在として意欲的に参加しており、関係機関の職員や町民から感謝されることが増え、自己有用感が高まっている。
　新学習指導要領では「社会に開かれた教育課程」の実現が求められている。地域の関係機関の業務補助を行うことは、生徒の自己有能感の

高まり、社会経験の拡充、そして実践的な働く力の獲得に資するばかりではなく、生徒が地域コミュニティを支える存在となり、学校がよりよい教育を地域とともに作り、よりよい社会を作ることにつながる。今金町（以下、町とする）では、平成27年に「今金町まち・ひと・しごと創生総合戦略」を策定しており、その基本戦略の第一に「障がい者が地域産業の担い手としての活躍の場づくり」を挙げている。地域との協働活動は「共生社会の実現」に資する取組になると考える。

そこで、学校としては、地域の関係機関との連絡調整を円滑に行うことができ、地域と一体となった教育活動と就労支援を進めるために、町に連携協定を締結することを働きかけた。平成28年10月4日（火）に調印式が町役場で行われ、本校生徒の就労に関する専門的な知識及び技能の向上を図るとともに、就労支援並びに自立支援に向けた包括的な支援体制を整えることができた。

一方、本校の卒業生の進路先は、在籍学科に関係なく「食品加工・水産加工」が最も多く（図1）流通・サービス業も増えつつある。

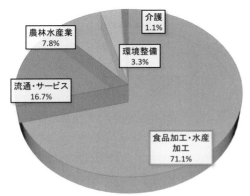

図1　卒業生の進路先

このことを踏まえて、平成28年度から各学科における「ものづくり」を職業教育の中心としながら、進路動向とリンクした「学科共通作業」（環境整備、流通・サービス、食品加工）に取り組んだ。この学習は共通教科の「職業」「家庭」を中心とした作業学習であり、校外での受注作業は学科共通作業のうちの流通・サービスに位置付けて平成28年度から取り組んだ。

さらに、各学科の専門教科、学科共通作業等を企業における現場実習に準ずるものとして捉え直し、「組織の一員としての役割を担って働き、話し合って作業の方法を工夫したり、課題を発見して改善し収益を上げることを意識したりする学習活動」として行った方が社会で働くために必要な事柄への気づきや理解がより一層促進されると考えた。

このようなことから、作業学習や受注作業、販売等において「会社の仕事」として業務を行うという役割意識や仕入や在庫管理、販売・会計のプロセスの体験を考慮し、平成29年4月のＰＴＡ総会で「模擬株式会社 IMAKANE FACTORY」の設立と定款を決定した。6月に模擬株式会社設立総会が全校生徒76名参加の下で行われ、生徒全員が一人500円の出資金をＰＴＡから受け模擬株主及び社員となった。

（２）模擬株式会社の目的
① 生産活動による職業能力・技能・態度の向上
　各学科の専門教科を通じて、勤労意欲の向上と働くことへの理解を深めるとともに、社会参加・自立に必要な職業能力・技能・態度を育成する。
② 共通教科を踏まえた作業学習（職業・家庭）による進路動向に対応した職業能力・技能・

態度の向上

　学科共通作業種（環境整備、流通・サービス、食品加工）の作業学習を通じて、進路動向に対応した幅広い職業能力・技能・態度を育成する。

③　生産・仕入、販売実習による商業ビジネスの基礎的な理解の促進

　学科の定番の生産品のほか、学科の新商品や高等学校や社会福祉法人との共同開発商品、仕入商品の販売実習を通して、接遇なども含め、商品開発、仕入れ、生産と販売の計画、予算・決算に至る一連の商業ビジネスの基礎的・基本的知識や技能・態度を育成する。

（3）指導目標

・生徒自らが社会で働くために必要な準備とは何かを考え気づき、その準備のために努力することができるようにする。

・生産・仕入と販売活動により、流通の仕組みを理解し、収益を上げるために工夫できるようにする。

・業務遂行上の課題を明確に捉え、生徒自身が改善策を提案できるようにする。

（4）学習内容

①　各学科の専門教科の作業学習

・窯業科・産業科〜窯業製品の製造及び販売等の学習

・農業科〜草花や野菜の栽培、収穫、加工、販売等の学習

・家庭総合科〜織物・縫製製品作り、食品加工、ビルクリーニング、紙漉や紙製品作り、販売などの学習

・生活家庭科〜リサイクル、縫製製品作り、石けん作り、紙漉や紙製品作り、販売等の学習

②　共通教科を中心とした作業学習〜学科共通

作業

・環境整備〜町民センター・総合体育館等の環境整備、校舎内外の清掃、役場・総合体育館へのフラワーレンタル、高校と合同の花壇整備、校舎内外の除雪

・流通・サービス〜役場での町内会配布物の仕分けサービス、総合福祉施設での車いす清掃、高齢者のデイ・サービスでのレク等の補助、学校を会場とした役場等の主催事業の活動補助、地域イベントの企画・運営・参加、学校配布物の印刷・発送作業、飲食接遇サービス、データ入力等、売り上げ集計・決算報告、今養版商品管理システムによる商品管理

・食品加工〜外部講師による加工体験実習、高等学校との商品開発

（5）組織・業務内容

・取締役社長（ＰＴＡ会長）、副社長（校長）

・総務部（部長〔教頭〕、教務部総務担当教員、各学科主任）〜全体調整と総括

・営業部（部長〔教務部総務担当教員〕、各学科主任、各学科の代表生徒）〜販売実習総括・仕入れ計画・在庫管理・販売計画・予算決算・受注生産・受注作業の窓口

・生産部（部長〔学科主任代表〕、各学科主任、各学科の代表生徒）〜新商品の開発・効率的な生産・検品

2.「協同学習」を活用した作業学習

　卒業生の課題について就労先に調査を行った結果に基づいて、平成27年度から3か年、コミュニケーション能力と課題解決力の向上を目指し、全校研究として「協同学習」の考え方を踏まえた授業実践に取り組んだ。

「協同学習」は表1のとおり5つの要素から成り立つ学習であり（涌井，2012）、全員が同水準の授業ができるように「協同学習授業マニュアル」を作成し、教科別の指導や教科等を合わせた指導において活用を図った。

表1 協同学習の5要素

① 互恵的な相互依存関係～目標、教材、役割分担、評価や成果などについて互いに協力を必要とするような関係、つまり「運命協同体」の関係。
② 対面的なやりとり～仲間同士、援助したり、教え合ったり、議論したり、励ましたり、褒めたりし合うことで子どもたちがお互いの学習を促進し合う機会を設定する。
③ 個人としての責任～個々のグループメンバーは、個人の責任があり、自分のやるべき役割を果たして個人目標に到達できるようにする。
④ 協同学習スキル～質の高い協力ができるように、教師は必要な社会的スキルを指導するとともに、頻繁に活用される必要がある。
⑤ チームの振り返り～どのように援助し合ったり、協力し合ったりしたらチームがうまくいったのかについて、チームで振り返る。

3．専門家と連携した商品開発

陶芸作家の石川久美子氏を窯業アドバイザーとして迎え、伝統的な顔料である「呉須」を使って、最近のトレンドであるボーダーや三角の絵柄の絵付けの技法を学び、新製品を開発した。

絵付けはマスキングテープを使った技法を用いて行った。この技法を使うことで、どの生徒も製品作りに参加でき、生徒全員がある程度同じ水準の製品を製作することができる。また、陶芸品の最近の流行から売れ筋商品の絵柄や絵付け方法として、「呉須」を使ったボーダー柄等の絵付け方法を講師から学び、新製品の開発に取り組んだ。

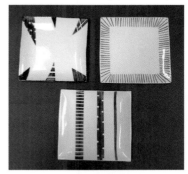

ボーダー柄の新製品

【授業の工夫】

作業工程の特徴から分業制で生産することが可能であり、「協同学習」の方法を用いて、1枚の皿の作業工程の内容をどのようにするか話し合った。その結果、「同じチーム内でも細かな作業が難しい生徒はマスキングテープを貼る」、「細かな作業が得意な生徒は筆を使う」、「慣れてきたら役割を交代する」などの分担と3人程度のチームで完成させる工程を考えた。

4．「協同学習」を活用した窯業製品の受注生産の学習

（1）キーマカレー用の楕円皿の生産

NHK室蘭放送局内のカフェから20枚の楕円皿の製作を受注した。

【授業の工夫】

生産方法を「協同学習」の方法で話し合って、作業の目的や作業グループ、作業担当者氏名や

作業分担、作業の流れなどを分かりやすく示した構造図である「組織図」（図２）を活用して、楕円皿の担当や商品チェック係を決めたり、報告する際の連絡系統を話し合って決めたりしながら製品生産を進めた。

試作に当たっては、楕円皿の用途を考え、お客様が望んでいるお皿の形になるように、粘土の厚さと形がきれいになるための乾燥の方法について条件を変えて試作した。また、製品を製作する日が変わっても一定の品質を保つために、各製品を作るに当たって必要な知識を確実に学ぶことや複数のチェック係による検品、作った全ての製品の数と納品できる数などを把握するための製品管理を行った。

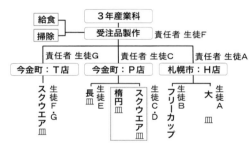

図２　組織図

（２）飲食店用の大皿の受注と生産

２回目の受注作業として、町内にある飲食店や札幌市内の関係店から大皿の製作を受注した。「協同学習」の考え方を踏まえて授業を展開し、「個々に与えられた責任を果たすことで全体の仕事が成り立っていること」、「自分の仕事が終わったとしても、全体の目標が達成されていなければ仕事は完成していないからこそ、周りのために動かなければいけない。」という協働の考え方が身につくように取組を進めた。

【授業の工夫】

「組織図」を活用して作業の目的や流れの理解を促し、生徒全員が「お客様に満足してもらえる製品を作る」という共通の目的のために作業に参加し、お客様を想像しながら、作業を分担して製品を生産し、社会の中で働くという意識を持てるようにした。また、カフェからの受注生産で納品までの過程でよかった点や改善点を話し合った結果に基づいて、人数配置の改善をしたり、製品の精度を上げるためにダブルチェックできる体制にしたりするなどの改善を行って、受注品の生産に取り組んだ。

また、受注品の生産方法を話し合って、「組織図」を活用してお皿の担当や商品チェック係を決めたり、報告する際の連絡系統を話し合って決めたりしながら製品生産を進めた。

なお、作業学習で必要な知識・技能について、次のように教科別の指導等において関連付けて指導した。

・納品までのスケジュールを立てる〜数学科の授業において、製品一つ当たりの作業時間と納品予定数と納品日に基づいて、作業開始日を計算する指導を行う。

・必要な粘土の量を理解し、はかりで測定して必要量を準備する〜数学科の授業において「はかり」の学習を作業の前に行う。

・全ての仕事の種類と量を明確にして、生徒が担当する枚数、検品係、給食や掃除の連絡・調整係など各係を決める〜数学科の「平均や割合の考え方」の単元と関連付けて、「組織図」を使い、業務量のバランスに気付くことができるように指導する。

・チーム内の各連絡系統で予想される報告・連

絡・相談の場面ごとに、誰にどのような内容をどのような言葉遣いで伝えることが望ましいかを身につける。〜国語科において「組織図」を活用して誰にどのような伝え方で伝えるか、内容や言葉遣いなどを指導する。

５．地域の関係機関の業務を補助する活動

平成 28 年度から町役場からの受注作業として、町内会配布物の仕分け作業を、毎月２回（第１、第３木曜日）程度取り組んだ。29 年度からは総合福祉施設での車いす清掃と高齢者デイ・サービス利用者のレクリエーション補助作業を受注して、地域の関係機関の業務の補助的なスタッフとして業務に当たった。

（１）町内会配布物仕分け作業

各学科から、学科の作業学習の進捗状況を考慮して、４、５名前後の生徒が仕分け作業に参加した。町内会の班ごとに様々な広報誌やチラシを戸数分だけ仕分ける作業は、正確な枚数の確認と仕分けた結果の点検が必要になる。

【授業の工夫】

作業の手早さや正確性の確保のために、役場職員と本校生徒がペアを組み、コミュニケーションを図りながら、手早く正確に枚数を数えて仕分けることができるように工夫している。

町内会配布物の仕分けを担当していた町内会長の高齢化に伴い、28 年度から役場が担当することになったが、受注作業により作業量と作業時間が軽減され、双方にとって利点のある活動となった。

（２）総合福祉施設での補助作業

車いす清掃は、29 年度から１学年の各学科から４〜８名が交替で参加している。福祉施設には車いすが 40 台以上あり、施設職員が毎週水曜日に車いすを清掃しているので、月１〜２回程度参加させていただいた。

【授業の工夫】

福祉施設職員からは、清掃に当たり、車いすの操作の仕方や、どこに汚れが多くあるかなどについて説明を受けた。生徒は作業のポイントを意識して丁寧に清掃することを心がけて作業を行った。車いす清掃を行う時間は、１回 90 分であり、一人３、４台の車いすを清掃している。

生徒による車いす清掃により、福祉施設職員が毎月４回清掃する業務が２回に減り、双方にとって利点のある活動となった。

６．　高等学校との商品開発

平成 29 年度に北海道八雲高等学校総合ビジネス科３年生とともに、地域の定番土産商品となるよう、新商品（ショコラクッキー）を開発する学習を行い、商品開発力の向上を目指した。

【授業の工夫】

商品開発に当たっては、商業科のマーケティングの基礎に基づいて指導を進めることとし、１年家庭総合科８名の作業学習の食品加工の題材として、４月から商品開発を開始した。

教師がテーマを提示し、生徒がそれぞれ案を考えて持ち寄り、作業学習の時間に「協同学習」を活用して、「商品企画会議」を行った。話し合いのルールは「１明るく　２笑顔で　３ブレインストーミング」の３点とした。これらを守って活発に議論するよう生徒を促したところ、生徒は「アイデアを考えるのは難しいけど、またやりたい。」など、前向きに取り組んだ。

はじめに購入対象となる消費者層（ターゲット）を検討した。販売場所は本校学校祭と北海道高等学校商業教育フェア（以下、「商フェア」という。）の2箇所に大別し、学校祭は学校や寄宿舎で上級生や寄宿舎指導員から、商フェアは会場のショッピングセンターを良く知る教員から消費者層に関する情報を聞き取った。前者は「女性35歳から49歳」、後者は「女性20歳から34歳」であると選定した。

次に、味の組み合わせ、商品名、パッケージデザインを検討した。味の組み合わせは、土産物店で販売されている類似商品を実際に食べ、「迷ったときには、ターゲットが好むものは何か？」という観点で最終案を決定した。商品名とパッケージデザインも生徒それぞれが数点の案を出し、全34点の案を基に話し合いを行い、最終案を決定した。次に北海道八雲高等学校総合ビジネス科3年生18名の「総合実践」の授業時間に本校生徒が参加し、両校から商品のプレゼンテーションを行い、4グループに分かれて3項目について話し合い最終案を決定した。

6月末に本校生徒8名が製造担当の多機能型事業所ワークショップいまかね（社会福祉法人光の里）を訪問して、ショコラクッキー「チョコっと ひといき。」の最終案を提案した。ショコラクッキーは、学校祭と商フェアで販売されたほか、平成29年12月から町内のホテルで各部屋の茶菓として提供される他、ホテルの売店でも販売されるようになった。

7．模擬株式会社の取組の成果と課題

（1）成果

平成30年1月末に2年生32名、3年生24名を対象に、模擬株式会社の取組を行う前と後で何が変わったかについて、アンケート調査を行った（回収率90.3％）。生徒の記述内容を基に検討した結果は次のとおりである。

① **習得意欲・作業意欲の向上**

これまでの生徒の製作に対する考え方は、自分目線の範囲内にあり、個人目標の達成を目指して作業学習に取り組んでいた。模擬式会社では、受注生産を増やしたことにより、次のとおりの変容が見られた。なお、生徒の回答を抜粋して掲載する。

・「お客さんのことを考えて丁寧に作ったり、デザインや色なども自分で考えたりできる」ようになった。

・「挑戦することによって、今までできなかったことができるようになったり、与えられた仕事は最後まで責任を持って役割を果たそうとしたりする」ようになった。

・「今日の自分の給料はいくらになるか自己評価して計算して、給料を増やすための行動、仕事」をするようになった。

② **社会で働くために必要な業務スキルの獲得**

これまでは受注生産がほとんどなく、「楽しくやりたい。」、「自分一人が作る製品だけを気にしていられた。」など、製品を楽しく製作す

試作パッケージ　　　　　試作品

るという状況にあった。模擬株式会社では、「協同学習」によって、話し合い協力し合って受注品や学科の製品の質を高めることで、社会で職業生活を送る上で必要な業務に関する幅広いスキルを獲得するようになった。

・「失敗したら、それを取り戻すために周りのために何かできることを探して取り組んだり修正したりしていく力も」身に付けるようになった。

・「時間を意識して取り組んだり、見通しといってだいたいの流れを立てたりし、先のことを考えながら取り組めるようになった。」

③ 障がいの自己理解と長所を生かした責任ある業務遂行の意識化・行動化

これまでの学校の学習では、自分の課題から目を背けて作業に集中できない生徒もいた。「協同学習」を活用して受注品の生産方法を話し合い、生産体制を整えて納期を守った生産ができるようにした結果、課題と向き合ってチャレンジしないと、納期を守れないため、生徒が自分の障がいと向き合う時間を設けられるようになった。

・「逃げずに障がいを知って自分自身を知ることができて、少しずつだけど自分のことを好きになっていくことを学びました。」

・「今までは個人でやってきた作業も仲間とペアやグループを作って、会社の組織みたく動くことが増えたので、自分はどの立場にいてどんな仕事があるかすぐに分かるようになりました。」

④ チームワークの意識の向上

これまでは、教師の指示に沿った個人作業となっていた。模擬株式会社では、受注品の納期を守った生産や学科の定番製品の製作を、ペアやグループで取り組むようになったため、「自分は会社の一員である。」という考え方ができるようになってきた。こうした体験を積み重ねていくうちに、学級（学科）の仲間意識が強くなり、「チームで仕事をする」というチームワークの意識が高まってきた。

（2）課題

受注を増やすすため、今金町の「ふるさと納税返礼品」に学科の製品や開発商品を提供していくシステム作りを進めていきたい。また、作業学習と他の教科等を関連付けた教科等横断的な指導を充実させていく。

付記
本校は筆者の前勤務校での実践をまとめたものである。

引用文献
涌井恵（2012）発達障害のある子どももみんな共に育つユニバーサルデザインな授業・集団づくりガイドブック（試作版）〜協同学習と「学び方を学ぶ」授業による新しい実践の提案〜.

Comments

今金高等養護学校の取組では、作業学習の活動を地域や社会とつなげることで、生徒が自ら働くことの意味や役割を意識することができるように工夫している。模擬会社の設立や製品の受注生産など、活動そのものに意味をもたせることで、なぜこの作業に取り組むのかということがわかり、生徒自ら学習を振り返り、次の目標を考えるきっかけとなる。こうしたキャリア発達を促す視点を踏まえた単元設定が作業学習では重要なポイントになる。

2 保育園での活動を通して、地域社会への参加意欲を高め、育てる取り組み

前東京都立小平特別支援学校教諭※　久保山　憲

※現東京都立王子第二特別支援学校教諭

　東京都立小平特別支援学校（以下、本校）は東京都小平市にある、肢体不自由教育部門と病弱教育部門とを併置した特別支援学校である。学区は小平市をはじめ、多摩地区９市と広範囲にわたり、小学部から高等部までの児童・生徒160名以上が在籍する、都内でも大規模な特別支援学校である。肢体不自由教育を行う東京都立の学校として、67年の古い歴史があり、これまで多くの教育活動や実践が積み重ねられてきた。
　本稿は、平成29年度に実施した、肢体不自由教育部門、高等部の準ずる教育課程に在籍する生徒と教員、計８名による実践紹介である。近隣の保育園にて、「奉仕活動」「社会貢献活動」の一環として、保育活動の補助を行った。具体的には、保育園に掲示してもらう季節の装飾作りと生徒による園児への読み聞かせ等の活動であり、その計画からまとめまでの一連の実践記録である。

◆キーワード◆　社会貢献活動、肢体不自由教育、高等部準ずる教育課程

1．はじめに

　本実践は、高等学校に準ずる教育課程（以下、準ずる課程）に在籍する高等部１～３年生までの生徒５名、および筆者を含めたグループ所属教員３名から成る集団（以下、本グループ）によるものである。本実践は、元々は「都立特別支援学校における社会貢献活動モデル事業」の指定校としての取り組みであった。平成28年度には、学校近隣の高齢者施設にて出前カフェを開き、生徒自らの手で飲み物を提供しながら、高齢者と直接交流を深める、大変有意義な実践が行われた。本校高等部の知的障害の教育課程を代替するグループが行い、翌年度も継続実施が望まれたものの、在籍生徒の構成変化等、グループの実態として継続が難しいとの判断から、本グループで実施することとなった。出前カフェの実践は、生活単元学習の一環として行われ、校内でのカフェ開催を経て、高齢者施設への出前を行うという指導計画が設定されていた。教科学習を中心とした、準ずる教育課程における学習課題と性格が異なることから、出前カフェの実践をそのまま踏襲するのではなく、「どこで、どのような活動をするか」の計画を、再度検討する必要があった。

2．保育園での活動に決定するまで

　「奉仕活動」や「社会貢献」といったキーワードから、本グループの生徒が取り組む活動を検討する際、「生徒のどのような変容を期待する

か」という視点を大切にしながら議論を進めることにした。本グループの生徒は、地域の中学校から高等部に入学してきた者が多く、特に1年生は、なかなか新しい環境や集団に馴染めず、思ったことや考えていることを言葉や態度で表現することに課題が見られた。日頃の教科学習や学年の活動においても同様で、本グループや学年の教員を含めた、複数の教員が認識する共通の課題でもあった。特に筆者が国語の授業を担当しており、生徒の緊張した気持ちを解きほぐし、活発にコミュニケーションが行き交うような授業づくりをしたいと、日々苦慮していた背景も併せて述べておきたい。

　こうした課題を背景に、高齢者等の地域の方々との交流を通して、「自分も誰かの役に立つことができる、誰かを喜ばせることができる」という自信を、実際的な経験から身につけてほしいという教員側の願いがあった。日頃の雑談で、「週末に、親戚の小さな子どもと一緒に遊んで楽しかった」という話をする生徒がいたり、将来の進路で、保育の分野に関心をもっている生徒がいたりして、地域の方々との交流の対象として保育園や幼稚園の園児たちはどうだろうか、という案が浮かんできた。緊張の中、初めて出会う地域の方々との活動について、それが園児たちとの交流であると、生徒もイメージをもちやすく、また期待を抱きやすいのではないかと考え、保育園や幼稚園での活動計画を立てることにした。

3．小川西保育園での活動計

　小平市立小川西保育園は、道路を挟んだ本校のすぐ向かいにある（写真1）。過去には、家庭科の保育領域における「子どもの生活を知る」学習に協力してもらったこともあった。近隣の公園で、保育園の園児たちがどのように遊んでいるかを見学させてもらい、後日レポートにまとめる学習であった。そのような縁から、活動の受け入れ先として協力してもらえないか相談するため、過去に授業を行った家庭科の教員とともに、小川西保育園を訪問した。平成29年8月のことである。保育園の園長からは「園と学校も近いので、何か一緒にやれることはないか、こちらも考えていた。喜んで協力したい。」と快諾してもらった。交流先が学校から近く、打ち合わせがスムーズにできたことは、地域で活動をする際の利点の一つである。

写真1　小平市立小川西保育園

　学校から活動内容を提案するに当たり、事前に教員間で話し合いを重ねた。初期の段階で、生徒による絵本の読み聞かせは、園児にとっても分かりやすく、喜ばれる活動になるであろうと意見が一致したため、採用することにした。また、事前学習の時間を使って、季節の装飾を作り、保育園に掲示してもらうという案も出た。装飾作りは、個々のできることに応じて、役割分担をする等の工夫が可能なので、取り入れる

ことにした。

一方、45 分～50 分程度の活動時間を設定したとして、すべての時間を読み聞かせに充てることは、園児や生徒の集中力を考えると難しく、活動内容としても物足りない。保育室の清掃や保育で使うおもちゃの手入れ等、職員の仕事の手伝いも検討したが、生徒の障害の状態によってできることに差がある等の理由から、案としてまとまりきらなかった。そこで、打ち合わせの中で、生徒の障害の状態を説明、紹介し、どのような活動設定が可能か、保育園の職員にも一緒に考えてもらうことにした。その際、活動内容によって生徒はこのような力を発揮することができる、といったていねいな説明をした。

学校からは「絵本の読み聞かせ」と「季節の装飾作り」を提案し、残りのプログラムを保育園の職員と一緒に検討していくことで、具体的な話し合いをスタートさせることにした。

4．小川西保育園とのやり取り

まず、双方の行事予定を照らし合わせながら、「いつ頃、実施するか」「どの時間帯で実施するか」を決めることにした。時期は 10 ～ 11 月頃で、時間帯は、毎週金曜日の午前中に総合的な学習として設定することを提案した。同じ時間に、保育園でも遊びの時間が設定されていたため、朝 9：30 ～ 10：30 に活動することにした。時期の検討に当たり、双方の行事直前と直後は、園児や生徒への負担を考慮して避けることにし、突発的な事態にも、柔軟に対応することができるよう、いくつか候補日を設けておいて、変更が必要な場合、連絡を取り合うことにした。

学校からの提案であった 2 案について了承してもらい、他の活動内容については、一緒に考えてもらいたい旨を伝えると、「こちらが、学校の生徒さんに対して配慮するべきことはありますか？」との答えが返ってきた。そこで、予定していた通り、生徒の身体障害の状態や、乗っている車いすのこと等について紹介し、また引っ込み思案な生徒が多いので、園児との交流や職員への貢献を通して、自信を深めてもらいたいという、こちらのねらいについても話をした。また、清掃やおもちゃの手入れ等、検討したがまとまりきらなかった案についても、併せて説明をした。

ちょうど、活動予定日の前に保育園で運動会があり、運動会練習の補助をしてもらうのはどうか、という案が出された。小川西保育園は、数年前に建て替えを行ったばかりで、バリアフリー等の設備も充実していた。保育園の玄関入り口から、実際に活動するプレイルームまでの動線を案内してもらい、安全管理をしっかりと行えれば、充実した活動になると考え、運動会練習の補助をさせてもらうことで、意見がまとまった。

5．事前学習の様子

本実践の教育課程上の位置付けは「総合的な学習の時間」（以下、総合の時間）である。したがって、関連する教科学習においても、本実践に関連する学習として整理されている。

総合の時間に、奉仕という言葉の定義をはじめ、活動場所である小川西保育園の紹介や保育士の仕事内容について学習し、当日の活動内容や今後のスケジュール等について説明した（図

1）。この段階で、生徒からは、特に期待感も不満に感じている様子も見られなかった。次に主な活動である、季節の装飾作りと絵本の読み聞かせ準備について、それぞれ以下のとおり説明していく。

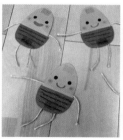

写真2　季節の装飾　どんぐりとコスモス

図1　事前学習用のスライド

写真3　装飾の制作風景

（1）季節の装飾作り

交流予定が10～11月であったので、季節は秋である。教員が手作りした、どんぐりとコスモスの装飾（写真2）を参考にしながら制作を進めていった。どんぐりもコスモスも材料は色画用紙で、それを切ったり、パーツごとに貼り合わせたりしながら作っていった。どんぐりに、園児が喜ぶような、かわいい顔を描いたり、麻紐で手足を付けたりする工程もあったので、生徒たちも楽しみながら取り組んでいた（写真3）。保育園で役立ててもらう装飾ではあるが、生徒も楽しみながら制作できるような教材にすることが、今後の学習に対しての期待感を高める上でも重要であると捉えた。完成した装飾は、交流日の前に生徒が自ら保育園に届けて、表玄関に飾ってもらった（写真4）。

写真4　実際に掲示してもらった様子

（2）絵本の読み聞かせ

本校の図書室にて、各自、好きな絵本を1冊ずつ選んだ（図2）。次いで、2つのグループに分かれて、読み聞かせにふさわしいと思う絵本を1冊、話し合いで選び、読む箇所を分担した。選んだ絵本を、生徒と教員の前で実際に読

んでみて、プレゼンテーションを行い、2冊から投票で1冊決めるという方式を採った。その際、①なぜこの絵本に決めたのか？②5人の役割分担をどの様にするか？③園児に注目してもらいたい箇所はどこか？といった視点で投票を行うようにした。投票の結果、『せとうちたいこさん　えんそくいきタイ』（長野ヒデ子作、童心社、1999年初版）に決定した。生徒たちからは「イラストがかわいいので、園児も親しみやすい。」「遠足の話なら、園児もイメージがしやすい。」「1ページあたりの話の分量が少ないので、テンポよく読める。」等の意見が出ていた。この段階で、園児に読み聞かせをするという、相手を思いやる気持ちが感じられた。

また、絵本の提示方法についても、30人近くいる園児に対して、小さな絵本1冊だけでは不十分と考え、パソコンに絵本を1ページずつ取り込み、プロジェクターからスクリーンに投影することにした（写真5）。読む箇所を5人で分担し、パソコンのスライド操作も含めて読み聞かせの練習をした。園児が聞き取りやすい声量やテンポで読むこと、園児を飽きさせないために抑揚をつけて読むこと等を意識しなが

写真5　絵本を投影している様子

ら、練習を重ねていった。ビデオ撮影をして、読み聞かせの練習を客観的に見ながら、生徒同士で相互評価を行ったり、教員が助言したりする学習も取り入れた。

（3）関連する教科の学習

家庭総合の授業においても、保育領域の学習を行った。保育園での活動を前に、練習も兼ねて、本校の小学部高学年のグループと交流学習を行った。交流先の小学部のグループは、サツマイモの栽培、収穫、調理等の学習を行っていた。そこで、子どものおやつ作りとして、簡単にできるさつまいもプリンを一緒に作って食べ、サツマイモが育つ過程を描いた、本校教員による手作りの紙芝居を読み聞かせるという学習内容を計画して実施した。どの生徒も、年下の児童と同じ目線に立ち、とても優しく接していたことが印象的であった。生徒が持つ優しさや思いやりをしっかりと感じ取ることができる学習となった。

また、国語の授業で、保育園に事前訪問のアポイントメントを、電話で取るという学習をした。電話の掛け方について、一連の流れを教科書で学習した後、ロールプレイングを行い、実

図2　生徒が読み聞かせ用に選んだ絵本

際に電話をかけて、アポイントメントを取ることができた。電話を切った時のホッとした表情から、大変緊張していたことが伝わってきた。

社会とつながりをもつという本実践の趣旨からも、良い意味で緊張感をもって学習する機会になったのではないかと考える。①用件を正確かつ簡潔に伝えること、②電話の相手の反応に臨機応変に対応すること、③電話口で対応する時間を作ってもらったことに感謝することなど、どれも社会生活を送る上で、求められる力である。

6．当日の様子

平成29年11月24日金曜日、予定していた9:30～10:30の時間にて行われた。保育園の職員と相談しながら、立てたプログラムは、以下のとおりである。

・はじまりの会（生徒、園児紹介）
・遊びの補助　（ミニ運動会）
　　　　　　　エビカニックス体操
　　　　　　　大玉送り
　　　　　　　紅白玉入れ
　　　　　　　直線リレー
　　　　　　　じゃんけん列車
・読み聞かせ
・まとめの会（生徒、園児感想発表）

それぞれの活動について、詳しく紹介していく。

（1）はじまりの会

9:30に保育園に到着して、受け入れ先のクラスに入り、まずはお互いに自己紹介をした。事前に一度訪問してはいるものの、園児たちと顔を合わせるのは初めてなので、生徒たちの表情からは緊張感が伝わってきた。一方、園児たちは静かに高校生の話を聞き、「これからどんなことをするのかな？」と期待にあふれた表情をしていた。余談であるが、この時、車いすに乗っている生徒を見て、車いすに興味をもつ園児が少なからずいるのではないかと予想していたが、そうした反応は見られなかった。

（2）ミニ運動会の補助

保育園の運動会で行った、いくつかの競技を室内用にアレンジして、プログラムを組み立ててもらった。保育園の職員に全体の進行をリードしてもらい、生徒が職員の指示のもと、活動を補助する形で参加した。

エビカニックス体操は、当時流行していたこともあり、園児も生徒も一緒になって、楽しく体操をしていた。

以降の活動は、紅白にチーム分けをして、それぞれのチームに生徒が補助に入った。大玉送りは、園児が直線に2列並び、生徒がそれぞれ列のはじまり、中間、おわりに入って、一緒にゲームをした（写真6）。一部の生徒は、始めと終わりの掛け声および勝敗判定役を行った。紅白玉入れは、玉入れの箱を生徒が持ち、それぞれいくつずつ玉が入ったか、園児と一緒に数

写真6　大玉送りの様子

える役割も担った。直線リレーは、複数列をつくり、生徒が折り返し地点役として立って、園児たちが生徒の手をタッチして戻ってくるというルールで行った。じゃんけん列車は、じゃんけんに負けた子どもが、勝った子どもの後ろについて、長い列を作っていくというゲームである。

いずれの活動においても、教員が意識したのは安全管理である。プレイルーム内で、園児たちは裸足で活動に参加する。一方、重量の電動車いすに乗っている生徒もいたため、活動中のけがや事故がないように、園児、生徒それぞれに声掛けをしたり、活動の間に入ったりした。

生徒たちからは、高校生と保育園児との体格差や園児からの突然の言葉がけに、戸惑う様子も見られたが、園児と同じ目線に身体を合わせようとしたり、園児の話に一生懸命、耳を傾けて応じようとしたりして、ていねいに関わることができていた。特に印象的だったのが、じゃんけん列車のゲーム中、車いすに乗っている生徒が、じゃんけんで負けた園児に対して「私の車いすのハンドルを持ってごらん。高さ届くかな？」と優しく声を掛けていたことである。園児も喜んで、車いすのハンドルを握りながら歩き、周りの園児からうらやましがられる場面も見られた。保育園の園児にとっては、車いすのハンドルを触るのは、初めての経験であろう。ゲームの中で、自然と車いすに触れる機会が生まれ、生徒も自分の後ろに小さな子どもがいるという意識で、ゆっくりと車いす操作をする等、お互いを思いやりながら、活動ができたことは双方にとって貴重な経験となったのではないだろうか。

（3）絵本の読み聞かせ

本校からパソコン、プロジェクター、スクリーン一式を持ち込んで、絵本の読み聞かせを行った。事前の打ち合わせで、そうした設備や機器が保育園にないことが分かり、大荷物とはなったものの、本校と保育園が道を挟んだ向かいに立地していたので、さほど苦労もなく、持ち運ぶことができた。

あらかじめ決めておいた分担で、絵本を読み、パソコンのスライド操作も生徒が順番に行っていった。事前学習で練習していた時よりも、抑揚をつけて、臨場感豊かに読み聞かせることができていた。絵本を読み終えると、園児と職員から温かい拍手をもらい、何人かの園児に感想をたずねると、「たのしかった」「もっと聞きたかった」と喜ぶ声が聞こえてきた。園児や職員に喜んでもらうという、当初の目標は達成できたものと思う（写真7）。

写真7　絵本の読み聞かせの様子

（4）まとめの会

最後に、数人の園児から本日の感想を聞き、生徒がお礼の言葉を述べて、園児たちによる花道で見送られながら、保育園を後にした。

6．まとめと今後の課題

　学校に戻ってから、振り返りシート（図3）を用いて、まとめの学習を行った。生徒からは、「緊張したが、楽しく交流することができて良かった。」「普段関わることのない、園児の様子を知ることができた。」「もっと、じっくり園児たちと関わる時間が欲しかった。」等の意見が出てきた。自分たちの取り組みによって、地域の方々から肯定的な反応を感じ取り、自信を深めるきっかけになったことと思う。また、反省点が挙がったことからも、意欲的に活動に取り組んでいたことが分かった。

　今後の発展につながる取り組みとしては、①保育園の職員から生徒に向けて、活動についてのフィードバックをもらい、職業人としての保育士からアドバイスをもらう機会をつくること、②活動の計画段階から生徒が関わり、自ら提案できるような学習段階を設定すること、③多様な活動を通して、園児や職員との信頼関係を積み上げていくこと等が考えられる。学校と保育園がお互いに行き来し、園児、生徒、教職員が時間と活動を共有しながら、無理なく協力し合える関係を築いていくことにより、信頼関係を基礎とした、芯の太い地域参加が行えるであろう。

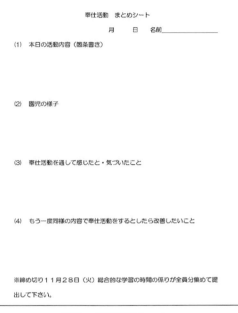

図3　振り返りシート

> **Comments**
> 　本実践において取り組んだ各教科等を関連付けた教育課程上の位置付けの工夫は、カリキュラム・マネジメントに通ずるものであり、肢体不自由のある生徒の「学びの文脈」や「やりがい」を大切にしたキャリア発達を促す地域協働活動の実践として多くの示唆を与えるものである。

3 高等部職業学科生徒と小学校3年生及び特別支援学級児童との取組
~ゲストティーチャーとしての役割から学んだこと~

京都市立白河総合支援学校副教頭　藤林　真紅

　京都市立白河総合支援学校高等部職業学科では、専門教科の持つ特性を教育資源ととらえ、教育課程の中に、その特性を生かした地域協働活動・共生型学習を位置付けている。その特徴的な取組の一つが地域の小学校との関係であり、本校生徒は、自分の学んだ知識やノウハウを小学校3年生や特別支援学級児童に直接教え、児童の学びにつなげている。生徒自身が専門教科等、学校生活すべてを通して学んだことを、中学生対象のオープンキャンパス等、対象や場所を変えて相手に応じて繰り返し伝えることにより、新学習指導要領に示された「主体的・対話的な深い学び」につながると考えた。また、これらの取組における生徒の変容を通して、教員自身が授業改善を図り、そのことがカリキュラム・マネジメントにつながっていくと考えた。

◆キーワード◆　新学習指導要領、主体的・対話的で深い学び、学びのつがり

1．地域に開かれた教育課程

　本校は、専門教科「食品加工（家政）（以下、食品加工）」「農園芸（農業）（以下、農園芸）」「情報印刷（情報）（以下、情報印刷）」に分かれて学んでいる。共通教科（「国語」「数学」等）では、専門教科や企業実習での学びを支える内容（例えば、数学では計量、国語では敬語の使い方、情報では実習先への経路検索等）を横断的に学んでいる。

　また、専門教科では、その教科の特性を活かして、地域との様々な協働活動に取り組んでいる。地域での様々な事業（高齢者体操教室、高齢者配食サービス、児童館での誕生日会・クリスマス会等のイベント等）に、地域の人々と一緒に取り組んでいる。

　そのため、年間のべ約1000人の地域の人々の来校があり、また、生徒が地域に出向いて積極的に活動している。これらの一連の学習は、教育課程において各教科等に位置付けて行って

配食サービス

ミニミニ運動会

おり、例えば、情報印刷では、校内の活動場所で名刺を作るほか、体操教室のサポートをしている中で、別の担当生徒が児童館に行って、イベントの打ち合わせを行っている。

　本校では、単に、「もの」を納品・販売するだけではなく、「もの」「場所」を介して地域の人とやり取りすることを通して、就労に向けた基盤となる自己肯定感・自己有用感を育む取組を展開してきている。高齢者や乳幼児・児童等と共に行う地域協働・共生型活動を通して、必要とされている自分に気づき、自らを振り返ることで、自己肯定感を高め、卒業後の働くことを通した社会参加と自立を生徒自らが実現していこうとする意欲と態度の基盤ができると考えている。

2．京都市立錦林小学校との関わり

　本校と近隣の京都市立錦林小学校（以下、小学校）との関わりは、専門教科「地域コミュニケーション（福祉）」で行っていた読み聞かせとして、小学校特別支援学級「ゆめいろ学級」（以下、ゆめいろ学級）を訪問したことから始まっている。

　本校には、地域の高齢者が多く来校されるので、1年生は、毎年全員、京都市左京南地域包括支援センター（以下、包括支援センター）主催の「認知症あんしんサポーター養成講座」を受講する。そのため、校内喫茶ミルキーウェイは「認知症あんしんサポーターのいる店」として、左京区の「高齢者にやさしい店」として登録されている。また、農園芸は週3回、地域へ引き売り（販売活動）に行っている。これらのつながりで、平成27年度から包括支援センターの依頼で、小学校6年生の「認知症あんしんサポーター養成講座」に先輩サポーターとして参加している。引き売り時の認知症の高齢者への良い対応を寸劇で表現したのち、小学生と地域の人とのグループワークを行っている。

先輩サポーターとして

3．特別支援学級児童と農園芸・食品加工の生徒の学び

　ゆめいろ学級担任から「校内の畑で活動しているとき、白河の引き売りの鐘の音が聞こえると、児童の活動の手が止まりフェンス越しに食い入るように引き売りの様子を見ている。白河の生徒さんは、児童にとってあこがれの存在であり、保護者にとっても将来のモデルである。自分たちの畑で栽培した野菜で校内ゆめいろレ

第Ⅲ部 |実践| 第2章 キャリア発達を促す実践の追求

ストランを開きたいので、畑作りから収穫を農園芸に教えてもらいたい」との打診を受け、平成28年度から学習が始まった。本校では、地域の高齢の人を含む大人とのやり取りは豊富であったが、児童とのやり取りは少なかった。そこで、この取組を異校種間の共生型活動、本校の教育資源を児童・生徒間の「学びの場」と位置付け、生徒が直接、児童に教える場を設定しようと指導計画を立てた。また、本校では、校内喫茶の常連でもある地域の元ホテルマンの方（「学校支援ボランティア」として教育委員会に登録）に、食品加工の生徒が衛生や接客方法を学んでいる。その学習も「レストラン開設までの衛生や接客のノウハウを伝える」等、児童の学びに活かそうと本校から提案した。

児童と共に活動することを取り入れ、児童の「できた」「わかった」を実現するために、そして、その活動を通して児童が「何ができるようになるのか」「何を学ぶのか」を考えた。そのために、本校生徒が何を、どのように伝えればいいのか、準備や授業については何を考えればいいのか、また、その過程を通して、本校生徒は「何を学ぶのか」等を考えて、指導・支援を

食品加工の衛生の授業

進めた。

農園芸の取組として、①小学校に出向き、ゆめいろ学級の学級園作りのサポートを行う、②本校の交流農園に児童が参加するとき、手順等を自分の言葉で伝え、サポートする、③地域での野菜の引き売りに児童が参加するとき、サポートを行う、とした。

食品加工の取組では、①日々自分たちが販売しているときの心構え・衛生面での注意点を児童に正しく伝える　②京都市錦林児童館（錦林小学校敷地内にある児童館、以下、児童館）での焼き菓子・パン販売を児童と一緒に行い、販売の仕方を伝えることを活動の目的として計画を立てた。

両専門教科では、「事前学習（生徒同士の打合せ・計画する）」→「活動（児童との作業を考え活動する）」→「振り返り（児童と共に振り返り、その後、生徒達が授業の改善点等を振り返る）」を授業の流れとして取り組んだ。指導者は、①生徒自身が説明できるように日常使用している道具類を使用する　②使用するフラッシュカード等には、生徒側に説明を記入し、児童側は名称等を記入することで、伝える側と

農園芸とゆめいろ学級

聞く側で、わかりやすいようにする等の状況づくりや支援を工夫した。

　いずれも、事前に双方の学校・教室を指導者が見学した。1回の学習が終われば、指導者同士の打ち合わせを大切にし、内容を再調整して、児童や生徒が在籍校以外の場所での活動に戸惑わないようにした。

　生徒は、今まで自分たちが学んできた内容や活動の楽しさ・達成感を、どのように伝えたらわかってもらえるかも含めて、児童がどうしたら楽しんでくれるかを考え、話し合いを繰り返し行った。

　ゆめいろ学級では、一連の学習を、平成28年度に自校の学芸会で発表した。研究発表会の授業では、ゆめいろ学級の畑で農園芸に学んだ方法で栽培した九条ネギの収穫から販売までを行った。その際、本校の生徒は、児童への評価者として参加し、生徒たちが教えたことが正確に伝わっているか、自分たちの教え方への評価を行った。このように、繰り返し、生徒が振り返る場を設定した。平成29年度には、「ゆめいろレストラン」として、研究発表会当日、学校園でとれた野菜を使って、みそ汁を作り、参観者にふるまっている。

4.「小学校3年社会科で農園芸の生徒に教えてほしい」

（1）きっかけ

　3年生（通常の学級）は社会科で、4月に単元「学校のまわり」で、自分たちの住んでいる身近な地域をまわり、本校の場所や本校とゆめいろ学級との関わりを学んだ。また、「おばあちゃんが来ている」と、本校を会場として行っている高齢者体操教室に参加している祖母のことを話している児童もいた。

　小単元「すごいぜ！京野菜（スタンダードの名称は、「農家でつくられているもの」）」では「生産者の気持ちを直接生産者に聞く」という学習があり、「ゆめいろ学級の児童が京野菜を育てるときに習った白河の生徒に教えてもらおう」と3年生担任から依頼があった。

　理由の一つには、「ゆめいろ学級の児童がしっかりしてきた。挨拶がとてもいい。」「小学校にやってくる白河の生徒が、しっかりしている。」等、児童・生徒の学び合いを通した各々の変容が周囲の指導者に認められたことである。3年生3学級の授業2時間を講師として、ゆめいろ学級に中心的に関わっていた農園芸の3年生が2名ずつ授業をすることになった。

（2）新たな学びの場

① 授業までの取組

　農園芸3年生全員が関わり、自分たちが専門教科で学んだことを踏まえ、何について、どのように授業するかを考えた。まず、3グループに分かれ、教室内でできる内容を考え、何について教えるか、活動の流れ、説明の時間、活動

小学校研究発表会に参加

内容と活動量、準備物、プレゼンテーションはどうするか、授業での役割分担等、全てを自分たちで考え、今までの自分たちの学びを発揮する場となった。また、今までのゆめいろ学級との学習も参考にし、計画を進めた。

プレゼンテーションの基本にしたのは、中学生対象に行ってきたオープンキャンパスである。パワーポイントを使って専門教科の内容を約5分のスライドで紹介したり、約20分でジャガイモの袋詰め等の体験を行ったりした。いずれも、生徒自身が予定表に記入しながら、内容や時間配分を考えた。その説明を基にして、漢字をひらがなに、また、言葉を簡単でわかりやすい言葉に変更したりした。皆の前でリハーサルを行い、仲間からの意見を参考に修正し、より良い授業になるよう取り組んだ。

③ 指導者の打ち合わせ

　ア．校内で

2週間の準備期間中、4つの共通教科「国語」「数学」「外国語」「情報」の授業を8時間横断的に取り扱い、伝えたいことの原稿やスライドとして言語化・視覚化して、教材等を考えていった。本校は、3年農園芸の学級を、専門教科の授業担当者2人と、共通教科「数学」「外国語」「情報」の担当者が1人、学級担任1人を中心に担当している。なお、学級担任は共通教科「国語」「職業」「家庭」「道徳」「特別活動」等を担当している。今回の取組の中で、その指導者たちがほぼ毎日生徒の取組の進捗状況を確認し合い、次の日に、何を、どこまで取り組めばいいか、また、生徒の考える方向性でいいかについて確認し合った。

　イ．小学校担任と

小学校担任には、依頼を受けてから、児童の実態を教えてもらった。小学校から本校に来校し、農園芸の活動場所・道具等の見学を行った。本校からも小学校に訪問し、教室の状況を確認し、生徒に授業場所を伝えた。ここでも、ゆめいろ学級担任とのやり取りのノウハウが役に立った。授業で使うスライドや学習内容の確認等をメールや電話等で数回行い、授業の流れ等を確認し合った。

④ 授業当日

当日は、生徒が教室に入ると、小学校担任が黒板に「○○先生」と書いて、本校生徒を紹介し、生徒が授業しやすい雰囲気を作り出してくれた。

本校生徒は、3年1組では、種まきについての説明後、実際に種まきを行った。その際の机の移動や作業場所の確保等も、自分たちで考えた通り、当日指示を出していた。3年2組では、「種まき」から「間引き」の説明等を行い、野菜の袋詰めの模擬体験として、木片を使って、袋詰めを行った。生徒たちは活動の際にグループに混ざり、膝を曲げて目線が合うようにして話す等、積極的に関わろうとしていた。

3年3組では、「種まき」「間引き」「収穫」

講義中黒板には〇〇先生の文字

グループ活動中

作業の説明中

の一連の説明等を行い、児童からの質問を受ける時間を設けた。
　3学級とも、事前に作成した教材（視覚支援用の掲示教材等）を用いて説明を行うことで、児童にとってはわかりやすい、興味の持てる授業となったように感じた。その結果として、種まき、袋詰め、質問の時間になった時、児童たちは生徒の指示に合わせて、自分たちから活動できていた。

⑤ 授業を終えて
　授業後の振り返りの中で、生徒達は「授業をするのが難しく、先生の大変さがわかった」「準備の大変さがわかった」「小学生に伝えるには、どうしたらいいか、を考える中で、下級生にも優しく伝えられるようになってきた」「オープンキャンパスの説明を考えるときの、時間を考えて説明することが役に立った」「ゆめいろ学級との学習でしてきたことが役に立った」、等の感想を述べていた。
　この学習の後、小学校各学級から一人一人の授業の感想の綴りを頂いた。生徒たちが伝えた「農薬を使わず、食べていただく方に安全に届ける」等が十分伝わっていた。また、学級通信でも紹介していただいた。

5．学びのつながり

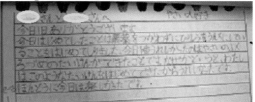
児童の感想

　22日（火）に白河総合支援学校のお兄さんお姉さんに、「農業」について教えていただきました。子どもたちは今、社会科の学習「すごいぜ！京野菜」で、京野菜がどのように作られているのかについて、調べ学習を進めています。ただし！この学習で子どもたちに気付いてほしいこ

とは、「農家の人の思い」なのです。利益を出すことだけで農家をしているのではなく、野菜を育てる過程で様々な工夫や苦労をしていて、それはおいしいかったり安心だったりといった野菜を提供したいという「相手のことを思って」という農家の人の思いに子どもたちが気付いてくれたらと思って進めてきました。

　今回、白河総合支援学校の生徒さんに、野菜を育てることについての思いを教えていただき、子どもたちは「人のことを思って」というところに気付くことができました。

　他に、野菜の袋詰めの疑似体験もさせていただき、子どもたちにとって体験を伴った良い学びとなりました。

　おうちでも、ぜひ子どもたちの感じたことを聞いていただけたらと思います。

<平成28年11月25日　京都市立錦林小学校　3年2組担任　奥埜のぞみ教諭作成　学級通信№27　☆ウキウキ☆より抜粋>

　本校生徒と児童との学習で共通していることは、いずれも生徒が日常行っている学習を振り返り、自分が学んだ事を「児童にわかりやすく」「児童が『できた』を実感できること」を意識して計画し、生徒自身の言葉で伝えて、行動していることである。

　自分が学んだときには、わかっているつもりであったことが、いざ、経験のない児童に教えることで疑問点が出てきて、「学びなおし」「指導者や仲間への確認」が必要だった生徒もいた。生徒が児童と接している場面を観察していると、自然と目線が合うように姿勢を変えたり、今注目してほしいところを児童が見やすいように、指で示したりしていた。

　また、活動中には、児童が選択・意思表示する場面を作り出していた。畑づくりで耕耘機を

使用する際、生徒は「やってみたい人？」と質問する。児童は目を輝かせて「はい！」と手を挙げる。販売でもたくさんの役割があり、ここでも必ず、希望を尋ねている。職業学科の生徒の活動なので、児童にとっては、少しチャレンジとなる内容もある。それらの活動を日々学んでいる安全面も含めて児童に伝えている。すなわち、キャリア発達につながる意思決定の要素も自然と踏まえられているのである。

　興味深かったのは、ゆめいろ学級との学習で、農園芸で収穫した野菜を袋詰めし、野菜のラベルを袋に貼る作業である。結果は同じだが、その過程が異なる。例えば、ある生徒は、ラベルのシートを渡し、「ラベルに1枚ずつ野菜名を書いて貼る」ことを繰り返すように教えていた。別の生徒は、5つラベルを切り取って渡し、「全部書けたら、貼ろう。ラベルがなくなったら、教えて」と教えていた。どちらの方法もペアになった児童にとっては、わかりやすい方法だったようである。これは、今まで生徒自身が指導者や上級生から学んだやり方を自分なりに咀嚼し、それを個々の児童がわかるように教えているということである。このことは、結果は同じだが、それぞれの学び方や支援の受け方が異なっていることを表し、その学びを今回、児童との学習で発揮しているのである。

　生徒は、自分の学んだことを繰り返し伝えていくことで、対象（下級生・地域の方・児童・幼児等）や場所（学校・地域等）に合わせて、求められる方法で伝えることを学習している。これらのことが、生徒の主体的で、対話的な深い学びにつながっているのではないかと考えている。

　また、全ての学校活動で教職員が「振り返り」

と「気づき」や「なぜ・何のために」ということを意識して取り組むことで、自ら気づき、振り返り、行動しようとする主体性、また、仲間と話し合い、教え合うという意欲が出てきた。

あわせて、以上のような生徒の変容に気づき、自分自身の授業改善につなげるという教職員の変容も見られている。専門教科「情報印刷」では、「情報印刷としての専門性を活かせること」として、情報印刷の教育資源（名刺・チラシづくりのノウハウ等）を活かし、レストランのメニューや開催のお知らせ等の作成を提案し、どのような方法で児童と学び合うか検討中である。また、平成29年度には、ゆめいろ学級の児童の保菌検査を提案することで、農園芸の生徒と一緒に作った九条ネギ等を使って、食品加工の生徒と厨房でピザパンを作って校内喫茶で販売することができた。

厨房での生徒と児童の作業

このように、「すべてのチャンスを学びにかえる」「今、行っていることを学びにかえる」を意識して、授業改善を行ってきた。生徒たちにとっては、学校間の違った環境でノウハウや専門性を学ぶ・共有するだけではなく、「主体的に考えて行動する」ために、「自分の言葉で、どういうことか語るか」「手段や方法はどうすればいいか？」「相手にわかるように伝えるためには？」「自分が知りたい情報を得るには？」「今日、できることは？」等と自ら考えて、授業の内容をお互いに学び合うことにつながっている。ここに、対話的で深い、新たな学びがあると考えられる。

校種や学校の枠を越えたカリキュラム・マネジメントの実践をとおした教職員の視野の「広がり」により、生徒たちの学びの場がつながり、可能性が広がると考える。そのためにも、日々、本校と様々な視点を持つ異校種・地域・企業等が協働・連携することで、新たな気づきや相互的な発展を図っていきたいと考えている。

参考文献
「平成27年度京都市立総合支援学校職業学科3校合同研究」（平成28年2月発行）
「平成28年度京都市立総合支援学校職業学科3校合同研究」事例集（平成29年2月発行）
職業学科3校合同研究実践事例集「地域と共に進めるキャリア発達支援」ジアース教育新社（平成29年8月発行）

> **Comments**
>
> 本実践は通常の学級との交流及び共同学習に発展した関わり合う者相互のキャリア発達を促す好事例である。地域協働活動が共生社会の形成に資する可能性を大きく示唆しており、今後のさらなる充実・発展を期待したい。

4 キャリア発達支援の視点から考える "学校レクリエーション"
～自己のキャリア発達をふり返りつつ、特別支援教育に思いを馳せる～

横浜市立若葉台特別支援学校教諭　荒木　潤一

　レクリエーション活動などで参加者が楽しさを共有するための"はらはら・どきどき・わくわく"という要素は、教育活動にとっても重要であり欠かせない。しかし、特別な支援が必要な児童生徒、特にいわゆる重度重複障害のある子どもたちにとっては、「何があるか分からない、未知のことを知る、できないことに挑戦する」など、見通しがはっきり持てない、急な環境の変化が起こる、ということから、苦手なことの一つだといえる。一方、長年"レクリエーション活動"に携わり、その理論や手法、考え方を教育活動の中に取り入れてきた経験をふり返ってみると、"学校レクリエーション"は、キャリア発達支援にも大きく関わっていることが分かってきた。今回、キャリア発達の視点から検証する中で、その大いなる可能性を、多くの方たちに伝えていきたい。
◆キーワード◆　"はらはら・どきどき・わくわく"、遊び心、生きる喜びづくり

1．はじめに

　「レクリエーションは、"生きる喜びづくり"である」。これは、日本レクリエーション協会による"レクリエーションの定義"である。私は、長年、"学校レクリエーション"や"福祉レクリエーション"の分野で活動してきたが、これまでずっと「学校での教育活動は、その全てが子どもたちの"生きる喜びづくり"を支援しているのだ」という思いを持ち続けてきた。「教育活動の中でレクリエーション活動を効果的に活用していきたい」と願っている教師として、これまでの道のりをふり返るとともに、独自の私見も交えながら、キャリア発達の視点から"学校レクリエーション"について述べていく。以下、特に必要な場合を除き"レクリエーション"ではなく、略称の"レク"を使う。

2．私とレク～その長い道のり～

　まず最初に、私自身の教師としての、またレクのリーダーとしてのこれまでの道のりを簡単にふり返ってみたい。
　大学を卒業後、横浜市立の中学校に赴任、3つの学校で23年間勤務した後、肢体不自由の特別支援学校へ異動した。
　中学校に勤務していた時代は、頻繁に起こる生徒たちの様々な行動への対処に追われ、まさに「毎日が闘い」という状態の中、最初の頃は"自己流のレク"であった。
　その後、市や県のレク協会による講習会に

参加し、レク本来の楽しさにふれ、その素晴らしさに感動し、資格を取得した。

　学校レクの理論や実践について学んだことが、その後の教育活動にも大いに役立った。

　だが、3校目への異動後、程なくして、生徒たちの中に妙な違和感をおぼえることが多くなった。人との関わりが苦手、関わりそのものを避けようとする生徒が増えてきたのである。特別支援学校に勤務するようになった今であれば納得できるのだが、当時は「発達障害」「特別な支援が必要な児童生徒」という概念そのものが広く認知されておらず、我々教師もどのように対処したらよいのか試行錯誤、悪戦苦闘の連続だった。

　そして平成16年、中学校勤務から特別支援学校へと異動、肢体不自由でいわゆる重度重複の児童生徒との日々を送っている。

3．私の＜ターニングポイント＞

　2校目の中学校でのこと。生徒たちの日々の状態を考えると、資格を持って活動しているとはいえ、キャンプファイヤーを無事に終えることができるのか、もの凄いプレッシャーに襲われていた。当日は、ある意味開き直って進行し、とにかく彼らの心に響くようなエンディング（ファイヤーでは"落とし"ともいわれる、歌や詩の朗読、語りかけなどで参加者の心を揺さぶり、感動に導く場面）にしたいと頑張った。無事に終わり、生徒たちはバンガローへ戻り就寝の準備、そして私だけその場に残り、火の後始末をしていたのだが、真っ暗闇の中に一人だけの私の前に叫び声をあげながら現れたのは、日々大変な思いをさせられている、今でいうと

ころのやんちゃで元気な子どもたちが数十人である。「だめだ！やられる！」と思った次の瞬間、「先生ありがとう！」「先生、最高！」という言葉とともに私の胴上げが始まったのだ。教師として最も感激し、いつまでも心に残る、そしてこれからも楽しいだけではなく"感動"できるようなレク活動を頑張ろうと思えた、私の＜ターニングポイント＞になった瞬間だった。

　この時のキャンプファイヤーが、よほど彼らの心に響いたのか、翌年、修学旅行の準備をしている時に「修学旅行でもまたキャンプファイヤーをやろうよ」と言ってきたのだ。私は驚いたものの、宿泊するホテルの大広間を最終日の夜に使わせてもらうことにし、たまたま最後の夜が7月7日だったこともあり、"七夕のつどい"と名づけ、レクのプログラムとして予定に組み込んだ。もちろん本物の火はないが、ゲームや歌を楽しみ、最後にはまた彼らへのメッセージを込めた"落とし"。これで、何人もの生徒が感動で涙ぐむという、前代未聞の修学旅行だった。

4．レクリエーション活動と教育活動

（1）大切なことはみんなレクで学んだ!!

　私がレクを通して学んできたことはあまりにも多すぎて、ここで紹介しようと思ってもきりがないほどである。それでも、いくつか、学校の教育活動にも通じるようなもの、関係が深いと思うものをあげてみる。

・レクは、遊びの中で発見することのできる創造の喜び、多くの人と手をとりあって、ともに楽しむ連帯の喜びが強い。
・レクは、人と人とを結びつける活動である。

レクはよいグループを育て、集団を人間的に成長させ、生き生きとした人間交流をつくり出すことができる。

・レクの指導とは、レクリエーション活動に参加している人々の心理状態の変化にもとづいた集団成立過程（緊張の開放→交流→協力→創造→共感）を常に念頭において、その相互作用を観察し、それぞれのレベルに応じたプログラムを提供していく作業である。これこそがレク指導の基本的な流れなのだ。さらにいえば、参加者の全員が初対面という条件の中で、決められた時間内において、一人ひとりの心理状態に配慮し、お互いの相互作用を観察しながら、交流から共感へと進めていくことができるよう、その場対応力でプログラムを組み立てながら、様々なレク財（ゲームやソングなど）やパフォーマンスなどを駆使して、楽しくて心温まる、そして、全員が伸び伸びと参加できる、さらには感動を呼ぶような活動ができる、それがレクリエーションリーダーなのである。

・レク指導の理想は、集団の成長と個人の成長を関係づけるという視点を欠いてはならない、つまり人間一人ひとりを愛した、配慮に満ちた指導こそが理想なのである。

・"レクリエーション計画立案"の3原則
　① 目標設定の原則　② 参加者中心の原則
　③ 喜びの共有の原則

（2）"学校レクリエーション"がめざすもの

　私は「横浜市学校レクセミナー」に参加することによって、多くのことを学ぶことができた。例えば、今まさに話題にあがっている「アドラー心理学」をはじめとして「グループワークトレーニング」「交流分析」「状況対応型リーダーシップ」などを、30年近くも前に、いち早く学ぶことができたのも、学校レクの活動に携わっていたからこそ、といえる。今回、これらの各項目についての詳述は避けるが、ぜひ各自でその内容にふれてほしい。教育活動におけるヒントがたくさん含まれているはずである。

　"学校レクリエーション"の分野で活動している教師は、誰もが、常に次のようなことを念頭におき、"遊び心"いっぱいで、教育活動に携わっている。

　・学校は単なる知識のつめこみの場ではない
　・勉強の一方で豊かな遊びが行われてこそ、人間の全面的な発達が可能になる

　そして、休み時間や放課後、学級活動、学校行事などでのレクだけではなく、授業の中、教科書の中でもいかに楽しく教えることができるのかという課題に挑戦している。

（3）「生きる喜びづくり」

　レクリエーションは"生きる喜びづくり"である。冒頭でも述べた、この定義（理念）は、私がレクについて最初に学んだことであり、同時に人が生きる喜びを感じることができる4つの要素についても教えられた。

**＜生きる喜びづくり＞に
つながる4つの要素**

① 主体的に参加できること（主体的に関わる）
② 創造的な活動であること（創造力を発揮する）
③ 自己発展的な充実感を持てること（自己有用感や成功感・成長を感じられる）
④ 社会的承認が得られること（称賛、自信を得る）

一方、学校での教育活動との共通性について確認するため、＜学習指導要領におけるキーワード＞を列挙してみる。

```
これまでの＜学習指導要領＞のキーワード
体験学習・課題解決学習・総合的な学習・
生きる力・自己選択・豊かな心・ゆとりなど
＜新学習指導要領＞のキーワード
キャリア教育・インクルーシブ教育・主体的・
対話的で深い学び（アクティブ・ラーニングの
視点）
```

これらのキーワードは、もちろんそれぞれに様々な視点があるだろう。だが、いずれもが、子どもたちの"生きる喜びづくり"につながるものでもあると思う。我々が子どもたちと向かい合う時には、おのずと、先ほどあげた「＜生きる喜びづくり＞につながる4つの要素」を常に念頭においているはずである。だからこそ、「学校は、様々な教育活動を通して、子どもたちの"生きる喜びづくり"を支援しているのだ。教育そのものがレクリエーションなのだ」と、私は考えているのである。

（4）レクリーダーの力、教師としての力

前述のように、これまでレク活動を進めていく中で、リーダーとして必要不可欠な様々な力について学ぶことができた。それは、発想力、プログラム構成力、伝達力、グループワーク力、その場対応力、共感力などであり、具体的には

・参加者の笑顔を引き出す力
・明るく楽しい雰囲気を作り出す力
・一人ひとりのもち味を輝かせる力
・生き生きと活動できるよう支援する力
・様々な活動を生きる喜びづくりにつなげることができる力

などがあげられる。

あえて詳述するまでもなく、これらは教師として必要不可欠な力でもあるだろう。私にとって、レクのリーダーとして学んできた力をそのまま発揮できる場が学校だったのである。

5．そして今〈特別支援学校で〉
～キャリア発達支援につながる活動～

今、私が勤務しているのは、肢体不自由教育部門（A部門：小学部～高等部）と知的障害教育部門高等部（B部門：愛の手帳B2程度）の横浜市立では初めての2部門併置校である。私が担当しているA部門では、ほとんどの児童生徒にいわゆる重度重複の障害があり、全体のほぼ80％が常に医療的ケア（吸引、吸入、注入、与薬など）の必要な状態である。だが、日々、彼らと接している我々教師は、その笑顔から、目の輝きから、そして視線や瞬きからさえも、逆にパワーをもらっているのである。本校A部門の子どもたちの、登校から下校までの"一日の教育活動"を右のようにまとめてみたが、これを見ると、まさに一日の全てがレク活動と深く結びついているということが分かる

がっかつ：子どもたちと一緒に演じた
"大きなかぶ"

だろう。

　子どもたちは、このようにたくさんの楽しい活動を経験する中で、日々成長している。もちろん、私自身も、子どもたちとともに、笑顔いっぱいの楽しい毎日を過ごしている。

　本校のＡ部門では、“楽しい雰囲気づくり”“心に響く授業”“感動につながる活動”を心がけ、「よりよく生きる力」「毎日の生活や様々な活動を楽しむことができる力」「友だちと一緒に活動することが楽しいと感じられる力」「人と関わる力」「他に働きかけることができる力」そして「生きる喜びを感じられる力」が育つようにと努めている。

　一例として本校の“交流活動”について紹介する。本校では、Ａ部門（肢体不自由）とＢ部門（知的障害）、両部門間の“校内ふれあい交流活動”や近隣の小中学校などとの“学校間交流”などにも力を注いでいる。

　ＡＢ両部門の児童生徒が、お互いの障害種を越えて一緒に楽しく活動する中で交流を深めていく“校内ふれあい交流活動”では、どちらの部門にとっても多くのプラス効果が認められる。楽しいふれあいの経験を通して、視線の変化、発声、表情の変化、覚醒度の向上、身体運動の発現が顕著にあらわれてくるＡ部門の児童生徒の様子からは、まさに「よりよく生きる力」「生きる喜びづくり」などを身につけるための“キャリア”を支援しているということが言えるのである。

　また、Ｂ部門の生徒にとっても、日常的にふれあうことができる様々な活動を通して、少しずつ自然な関わりができるようになり、人との関わりそのものを楽しいと感じられるようにな

る。それだけでも、彼らにとってはとても大きな成長と言えるが、活動中に感謝やお礼、称賛の言葉（楽しかったよ、ありがとう、すごいね、など）を受けることにより、“自信”“成功感”“自己有用感”なども得ることができ、交流活動そのものへの期待感とともに、より主体的な活動ができるようになっていく。

　このように、学校レクと深く結びついた楽しい活動は、ＡＢ両部門それぞれにおいて“キャリア教育”を進めていくための貴重な場となっているのである。

　さらに、Ａ部門の児童生徒が、近隣の小学生と“学校間交流”を行う際にも、お互いに初対面でありながら、短時間で緊張をほぐし、伸び伸びと参加する中で、より楽しく交流活動を進めることができるのも、レクリーダーとして学んできたことが、大いに役立っているのである。

本校Ａ部門のレクリエーション的な活動例

朝の会・帰りの会➡朝の歌・今月の歌・帰りの歌
集団学習➡始まりの歌・終わりの歌
　　　　＜がっかつ＞散歩・栽培・手遊び歌・
　　　　　　　　　季節の行事・絵本
　　　　＜おんがく＞歌・ダンス・
　　　　　　　　　リトミック
　　　　＜ぞうけい＞創作活動・感覚遊び
　　　　＜うんどう＞身体活動・ゲーム
個別学習➡身体活動・興味関心の拡大・余暇活動
給食・摂食➡食育・食べる喜び・生きる喜び
医ケア・生活介助など➡健康・生きる喜び
行事など➡＜運動会＞競技・演技
　　　　＜学習発表会＞演技・演奏
　　　　＜宿泊・遠足＞全てのプログラム
　　　　＜交流活動＞歌・ゲーム・
　　　　　　　　　　ふれあい
ＰＴＡ活動➡＜サタデーコンサート＞
　　　　　　歌・ダンス・パフォーマンスなど
※ まさに「毎日がレク！」「生活の全てがレク！」

6．これからも
〜まとめにかえて〜

　レクリエーション活動を行う上で大切な"はらはら・どきどき・わくわく"という要素は、教育活動でも欠かせない。「次は何があるのかな？今まで分からなかったことが理解できた！できなかったことができるようになった！」などである。しかし、見通しがしっかり持てない、急な環境の変化が起こる、という点から考えると、特別な支援が必要な児童生徒、特にいわゆる重度重複障害のある子どもたちにとっては、苦手なことの一つだといえる。だからこそ「あ〜、楽しかった」だけで終わるのではなく、「子どもたちの"生きる喜びづくり"」というしっかりした理念（目標）を持ち、一人ひとりのア

セスメントにもとづいた、"遊び心"いっぱいの活動を展開することにより、子どもたちへの勇気づけとともに、今まで以上に笑顔が増えるよう働きかけ、楽しい経験をきっかけに興味・関心が拡がっていくよう支援しなければならないだろう。そのためにも、"学校レクリエーション"が内在する価値を十分に理解した上で、それを活かしていくことにより"キャリア発達支援""キャリア教育"に結びつけていくことが重要なのだと思う。まさにこれこそが、特別支援教育だけにとどまらず、学校教育全体に求められているものではないだろうか。私もまだまだ力不足ではあるが、これからも"遊び心"いっぱいの活動を子どもたちと一緒に楽しみながら、笑顔の花をさらに拡げていきたい。

Comments

　筆者のこれまでの振り返りの中から、特に「レクリエーションは生きる喜びづくり」「すべての教育活動は生きる喜びにつながる」ということばが印象に残った。まさに多様な実態の児童生徒一人一人のキャリア発達を支援する上で重要な視点であると捉えられる。

5 児童生徒の内面の育ちと
キャリア発達支援

長崎大学教育学部附属特別支援学校教諭　竹下　成彦

　本校は、これまで、「自己の形成」という内面の育ちに視点を置いた教育課程を編成し、教育実践に取り組んできた。その中で、児童生徒の内面である「こころ」に着目し、10の項目やチェックリストを使って、児童生徒の内面の状態や変容を捉え支援するという実践を積み重ねてきた。平成28年度〜平成29年度の研究においては、キャリア発達を支援するという視点で教育課程を見直し、整理した。
　今回は、研究の概要と小学部の取組から、内面の育ちとキャリア発達支援の実際について紹介する。
◆キーワード◆　内面の育ち、キャリア発達、小学部

1．本校の概要

　本校は、知的障害のある児童生徒を対象とする特別支援学校であり、平成30年7月現在、小学部16名、中学部17名、高等部20名、計53名が在籍している。教育目標として「一人一人の自己教育力を高めながら可能性を最大限に伸ばし、生涯を通じて積極的に社会生活に参加できる人間の育成」を目指して教育活動を行っている。過去5年間の高等部卒業生の進路状況は、卒業生40名のうち、企業就労10名、就労移行支援事業利用3名、就労継続B型事業利用24名、生活介護事業利用2名、職業訓練等1名である。

2．本校の教育課程とキャリア教育

　本校では、学習によって得た知識や技能、思考・判断などの能力を未知の状況においても使いこなすためには、内面の育ちが必要であると捉え、この内面を「自己」と定義して、「自己」の形成に視点を置いた教育課程を編成してきた。小中高のそれぞれの段階で、どのような自己の育ちを目指すのかを「各部段階の特徴的な自己の姿」として次のように捉えている。

> **小学部：自己活動の発現期**
> 「身近なものとかかわるなかで自分に気づき、発見していく自己」
>
> **中学部：自己の拡大・肯定期**
> 「自分の成長を実感し、他者と強調しながら新たな自分を見つめる自己」
>
> **高等部：客観的な自己の形成期**
> 「客観的な自己評価や生き方のイメージをもち、自立的な社会生活の場への積極的な参加を志向する自己」

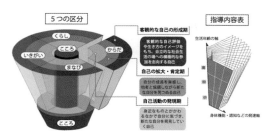

図1 本校の教育課程の構造図

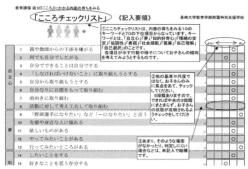

図3 こころチェックリストの一部抜粋

そして、自己の形成の視点で選定した指導内容を「くらし」「いきがい」「まなび」「からだ」の四つの区分に整理し、小中高と系統的に学習できるように教育課程を編成している。

また、児童生徒の内面を把握するための試みとして、本校の教育において重要と考えている子どもの内面を「こころ」と定義し、10の項目で構成した。そして、子ども一人一人の内面の状態を把握する手段として、「こころチェッ

クリスト」を作成して実態把握に活用したり、10の項目を使って子どもの内面を書き表したりして、内面の変容を促すことを目指した働きかけや教材の工夫などについて実践検証を行ってきた。

平成28年度～29年度の研究では、本校のこれまでの実践、教育課程を、「キャリア発達を支援する」という視点で見直し、整理した。そして、本校が定義する「自己」の形成の過程が、キャリア発達と重なるものであり、「自己」の形成に視点を置いた教育課程のもと、児童生徒の内面の変容を丁寧に捉えながら実践を積み重ねていくことが、キャリア発達を支援する教育そのものであることを共通理解した。

3．小学部における児童のキャリア発達を促す教育活動

小学部では、「身近な人やものとかかわる中で自分に気づき、自分なりに考え、自分から行動しようとする意欲を育てる」という部教育目標を掲げ、「やってみようとする子ども」を目指す子どもの姿として取り組んでいる。子どもたちは、図4に示したような環境設定と教師が授業づくりで大切にしていることを支えにしな

図2 こころの定義

がら、「自己」の形成の視点で選定された指導内容を様々な活動を通して学習していく。この過程の中でいろいろなことに対して意欲を持てるようになったり、自信をつけたり、また、そのような経験の中で得意なことや難しいことなど自分自身のことを知り、いろいろなことに対して「やってみようとする子ども」に育っていくことを目指して実践を行っている。

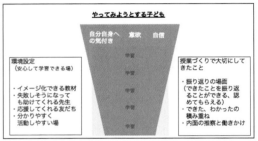

図4　小学部の教育

また、小学部段階でのキャリア発達に向けて大切にしていることは、次に示す3点である。

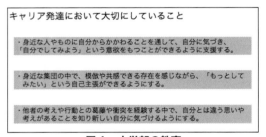

図4　小学部の教育

「自分がやってみよう」「自分の体を動かしてやってみよう」とする意欲を持てるようにすること、「あの人みたいにもっとしてみたい」「あの人と一緒にもっとしてみたい」という自分の意欲に気づき、表現できるようにすること、他者との間で葛藤や衝突を経験する中で、自分とは違う思いや行動があることを知り、他の人とは違う自分に気づくようにすることなど、子どもたちが「自分」を意識できるようになるための支援を大切にしていることが特徴と言える。

4．具体的な学習活動

小学部の「あそびグループ」という授業で行った単元を例にして、内面の育ちとキャリア発達支援について示してみる。「あそびグループ」は、指導の形態「あそび」の授業の一つであり、小学部の児童を二つのグループに分けて行っている。今回取り上げるのは、低学年の児童を中心にしたグループ「あそびグループB」で行った単元「新聞紙を使って遊ぼう」の実践である。新聞紙は家庭にもある身近な素材で、操作することで形を変えたり、様々な感触を味わったりすることができる。また、その感触は、自分が操作することで感じられるという主体的な要素が含まれる。新聞紙を使って「やぶる」「散らす」「包む」「投げる」などいろいろな活動が考えられ、その活動の中で、友達や教師との関わりも十分に期待できると考えた。新聞紙を使って遊ぶというテーマで活動することを通して、「教師や友達と一緒に体を動かしたり、素材を通していろいろな物の感触や感覚刺激を味わったりして遊ぶ」「友達の存在や遊びに興味を持つ」という「あそびグループ」で目的とする姿を目指すことができ、「自分を知る」ということにもつながっていくと考えた。単元は、全6時間で計画し、遊びの内容としては、新聞紙を使った自由遊びとした。

(1) 環境設定の工夫（安心して学習できる場にするために）

小学部で大切にしている環境設定の工夫は、

5 児童生徒の内面の育ちとキャリア発達支援

小学部で行うどの授業でも行われる工夫であり、今回の授業においては、次の四つの工夫を行った。

① 授業の流れを毎時間同じ流れにする。

毎時間の授業の流れを同じにすることで、子どもたちが見通しをもって活動することができるようにした。流れを同じにする一方で、単調にならないように、遊び場の設定を少しずつ増やしていくようにした。

導入	本時の学習についての話 活動の準備（丸める、長くちぎる）
展開	教室移動 それぞれの場で自由に遊ぶ 新聞紙を集める
導入	教室移動　振り返り

② 話をする場所と遊ぶ場所を別にする。

始めと終わりの挨拶、導入や振り返りの話を聞く場所を教室で、遊ぶ場を遊戯室でというように、目的に沿った行動ができるように場を整理した。

③ 何をするのかイメージしやすい視覚的な教材を活用する。

活動内容を示すイラストなどを言葉や文字と併用して使い、何をするのか児童がイメージしやすいようにした。

④ 児童の活動を制限せず、共感的な姿勢、一緒にやってみる存在として支援する。

教師の姿勢として、遊び場では、児童の活動をできるだけ制限せず、それぞれの遊び場でやってみようとする様子が見られたら称賛したり一緒にやってみたりしながら、児童に共感する姿勢で関わるようにした。

図6、7　共感的な教師の関わり

（2）今後の生活につなげる視点からの工夫（キャリア教育の視点）

① 新聞紙を「長くちぎったり」「丸めたり」して、それを持って遊び場へ移動させるようにした。
② 児童と一緒に片付ける場面を展開の中に入れるようにした。

キャリア教育の視点として、新聞紙を「長くちぎったり」「丸めたり」して、それを持って遊び場へ移動させるようにしたり、児童と一緒に片付ける場面を活動の中に取り入れたいと考えた。「ちぎる」「丸める」という二つの異なる動作をあえて続けて行う場面設定は、「そうそう、今は丸めるだよ」「あら、違うことしてい

るよ」などの言葉かけの姿が想定され、教師の指示をよく聞いて取り組むという学習経験の場になると考えた。また、遊びで使うものを準備して遊び場へ向かうという流れにすることで、今日の遊びに対する思いを膨らませる時間になると同時に、活動を始めるときには必要な物の準備をしてから始めるという学習経験の場になると考えた。片付けの場面を作ることも、活動終了時には後片付けをして終わるという学習経験の場になると考えた。しかし、低学年を中心にした遊びの場であることから、片付けの活動自体も遊びの要素を取り入れようと考えた。

（3）授業の様子

第1時から第3時の場では、ちぎった新聞紙を入れたビニールプールを中心にして、新聞紙を降らせる教材や壁に新聞紙を貼りつけた場で活動した。児童が新聞紙そのものの感覚を味わいながら自由に遊ぶ場として実施したが、空間が広すぎ、別のことに興味が移る児童もおり、新聞紙で遊ぶという活動を時間いっぱい行うという姿が少なく、友達や教師との関わりの場も少ないものになっていた。

第4時から第6時にかけて、新聞紙で作った壁で迷路のような場を作ったり、トンネル、玉

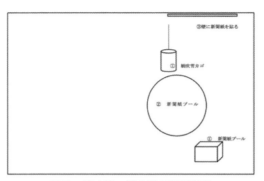

図8　第1時～第3時の場の設定

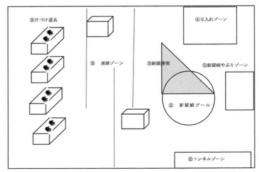

図9　第4時～第6時の場の設定

入れの場など遊び場を増やしたりして空間を狭め、まとまった場で活動できるようにしていった。遊び場の設定に変化を加えることで、同じ場を共有しているがそれぞれが自分の好きなことをやっているという様子から、回数を重ねるごとに友達の活動を見る様子や一つの遊び場で関わりあう様子が見られるようになった。また、時間いっぱい新聞紙で遊ぶ活動に取り組めるようになった。

図10　第1時の児童の様子

図11　第6時の児童の様子

（4）児童の様子（C君への取組と変容）

この単元をキャリア発達の視点から評価するために、対象児童をあげ、経過を見ていった。

2年生の男児C君は、知的障害を伴う自閉症の児童で、自分から教師や友達に関わることはほとんどなく、一人で遊ぶことが多い児童である。

第1時の様子を見ると、活動の場を離れることはないが、好きな遊びがないと、外の様子を見る、自分の足をたたくなど自分の好きな遊びをはじめ、新聞紙遊びに関心を示さなくなってしまう様子だった。教師の促しで新聞紙を丸めたり破ったり、ちぎった新聞紙を入れたビニールプールで感触を味わったりしても長い時間は続かず、すぐに自分の好きな遊びを始めてしまうという様子だった。

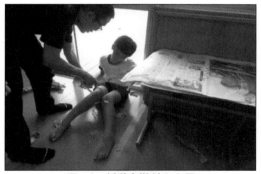

図12　活動を嫌がるC君

「自分の体をたたく」「窓も外を見て自分の好きなものを見る」といった行動は、自分の体や自分の好きなものや感触を知っているとも受け取れ、自分に気づいていると言えなくもないが、自己完結した行動で人を介した行動ではない。小学部で目指す「自分自身への気づき」は、「人との関わりの中で認められたり、他の人とは違う自分に気づいたりする」ということであり、C君の今の実態は、小学部で目指す姿には至っていないと考えられた。今回の単元を通して、少しでも「人との関わりの中で」やってみる、

人に認められる経験ができればと考えた。

C君の様子から、内面を推察し、原因と改善方法を検討した。

> **C君の内面（「こころ」の状態）**
> ・環境面で、自分の興味がそれるものがあり、そわそわしてしまい、主活動に注意を向けようとしても向かないのではないか。
> 　　　　　　　　（「情緒の安定」のマイナス）
> ・それに加えて、周りの子どもが騒いでいる様子の意味が分からず、場を離れたい思いになったのではないか。
> 　　　　　　　　（「協調性」のマイナス）
> ・自由すぎる場の設定に、何をすればよいのかが分かりにくくやってみたいという気持ちがそがれてしまうのではないか。
> 　　　　　　　　（「知的好奇心」のマイナス）

> **改善方法**
> ○ 遊戯室のロールカーテンを閉めることで、窓の外の様子が見えないようにするにする。
> 　（「情緒の安定」に向けた支援）
> ○ 担当の教師を決め、C君の側で一緒に活動するようにする。
> 　（「情緒の安定」「協調性」に向けた支援）
> ○ 遊び場を増やす時に、トンネルや玉入れなど、遊び方がイメージしやすい場を加える。（「知的好奇心」に向けた支援）

環境や関わりの改善を行い、遊び場が増えた後半から、ちぎった新聞紙を大量に入れたビニールプールに自分から入って感触を味わったり、新聞紙をちぎって増やしたりする様子が見られるようになった。また、友達の様子を見て、自分も玉入れをするために教師に抱えてほしいと伝えてくる場面や、片付けの道具を使って新聞紙集めを繰り返す様子が見られるようになった。

図 13、14　玉入れや新聞紙を集める C 君

（5）キャリア発達の姿と内面への支援

毎時間、録画した授業の様子から、次のような変容が見られた。

```
＜初期の様子＞
・指示されたことはするが、さほど関心ない様子
・オープンなスペースで自由に動き回り、大きな声を出す。
・教師が遊びに誘っても声出して拒否をする。
・床に散らばった新聞紙の上をすり足で歩き、感触を味わう。
```

```
＜後半の様子＞
① 動き回ることがなくなり、新聞紙のプールに入って感触を味わったりちぎったりする。
② 片付けの道具を使って、自分から新聞紙を集める活動を繰り返し行う姿や新聞紙を繰り返し細長くちぎる様子。
③ 友達の様子をまねて、自分も玉入れをするために、教師に抱っこしてほしいことを伝える様子。
④ 教師に誘われて、細く破いた新聞紙を束ね、ひらひらする遊びを一緒にする。
```

この変容は、新聞紙で遊ぶという活動に対してのC君自身の向き合い方の変化であり、短い期間の中ではあるが、キャリア発達の姿であると捉えることができた。

また、本校の小学部段階でのキャリア発達の姿として、注目したのは②③④の姿である。②の姿は、場に置いてある道具や素材に「自分から関わり、自分でしてみようという意欲をもった姿」、③の姿は「身近な集団の中で、模倣や共感できる存在を感じながら、「もっとしてみたい」という自己主張ができた姿」として注目した。さらに、④の姿は、教師との関わりの中で、一緒に同じ遊びができたこと、その時に教師から「おーいいね」などの言葉かけを受けて、「これでいいんだ」という自分に気づく場面でもあり、小学部で目指している「自分自身への気づき」に近付いていく大切な場面ととらえた。いずれの姿も、その場で称賛し、振り返りの場面においても、取り上げていった。

今回の実践で本校の「こころ」の10の項目にある「情緒の安定」「協調性」「知的好奇心」の三つに対して、その変容を促す支援を行ったことは、C君の新聞紙で遊ぶという活動に対する向き合い方の変化につながったと考える。さらに、環境設定の工夫として授業全体を通して行った4つの工夫も、この「こころ」への支援として言い換えることができた。「①授業の流れを同じにしたこと」や「②場所の構造化を行ったこと」は、回を重ねるごとにC君の「情緒の安定」につながる支援となった。そして、「情緒の安定」が高まることで、「③視覚的な教材」が「知的好奇心」が高まる支援につながっていった。「④共感的な教師の関わり」は、「情緒の安定」がマイナスでそわそわしている状態を否定せず、「知的好奇心」が高まりやる気を見せた姿を後押しする支援となった。

子どもの内面の推察は、教師側の主観になる

部分もあると考えるが、定義された項目に基づいて内面の状態を表記できることが、具体的な支援につながり、子どもの姿の変容につながったということは、今回の実践においても確認することができたと考える。

5．成果と今後の課題

今回取り上げた実践は、「自己」の形成に視点を置いた教育課程のもと、児童生徒の内面を「こころ」と定義し、内面の変容を捉えながら取り組んできた実践の一部である。平成28年度から平成29年度の研究において、キャリア発達を支援するという視点で教育課程を見直すことで、改めて本校の教育課程の意味、大切な視点を共通理解することができた。

しかし、この教育課程が編成されて10年が経過する中で、児童生徒の実態の変化、社会の変化など新たな課題に対応することが求められていると考える。「自己の形成」の視点で選定された指導内容や独自に編成した指導形態については課題もあり、新学習指導要領の主旨や児童生徒の実態に応じた教育課程の改善が必要だと考え、平成30年度から新しい教育課程の編成に向けて研究をスタートしたところである。

これまで積み重ねてきた児童生徒の内面の育ちや変容に着目するという理念や教育実践は大切にしていきながら、指導内容や指導の形態、指導方法の改善を行うことで、さらに児童生徒のキャリア発達を促す教育の実現に向けて取り組んでいきたい。

Comments

当校は長年「こころ」の支援に着目した研究を進めており、近年のキャリア発達支援において注目が高まっている「内面の育ち」に通ずる興味深い成果を上げている。小中高併置校における全校的な実践研究としての取組である点にも注目したい。

道徳教育におけるキャリア発達支援
～自己肯定感・人との関わりに着目した道徳科授業を通して～

千葉県立香取特別支援学校教諭　浅沼　由加里

　道徳教育の実質化や質的変換を図るため、道徳の時間を「特別の教科 道徳」（以下「道徳科」）として位置付け、全面実施された。特別支援教育においては、平成28年7月に道徳教育に係る評価等の在り方に関する専門家会議の報告の中で、「障害の状態等に応じた弾力的な取扱い」や、「発達障害等のある児童生徒に対する道徳科の指導」についても、詳しく示されている。知的障害者である児童生徒を対象とする特別支援学校である本校は、27年度、28年度に道徳教育について研究を進め、毎月の道徳目標の設定や教育活動全体での取組、映像教材を使った授業作り等を行ってきた。ここでは、中学部のASD生徒の特性から役割演技、体験活動を取り入れた授業作りについて紹介する。

◆キーワード◆　自己肯定感、道徳教育、他者との関わり、役割演技、体験活動

1．はじめに

　道徳の授業について調べてみると、特別支援教育の対象となる子どもたちへの道徳教育に関する先行研究や実践例が少ない。筆者は授業実践を通して道徳的実践意欲や態度を育み、道徳性を育てるためには、道徳的価値を学ぶ時間が必要であると感じ、これまで悩みながら授業づくりを行ってきた。生徒達の中には自己肯定感の低さや友達とのやりとりに課題がある生徒が見られ、特に、発語はあるものの自分の気持ちを伝えたり、相手の気持ちを理解したり、やりとりをしたりすることが難しい生徒には、相手の気持ちを考え、具体的な表現方法を学ぶことができる体験活動や役割演技を取り入れた授業が有効であると考えた。

2．特別支援学校の道徳教育について

　知的障害特別支援学校中学部の道徳科と道徳教育について、道徳的価値を学ぶことを意識し、以下のように各教科等との関連を考えることとした。

> 道徳科…道徳的価値を学ぶ（知る）
> 道徳教育…各教科、外国語活動、総合的な学習の時間、特別活動、自立活動、各教科等を合わせた指導（日常生活の指導、遊びの指導、生活単元学習、作業学習）により学習し、行動につなげていく

３．知的障害特別支援学校道徳教育指導観点表作成（以下、指導観点表）

　小学校学習指導要領解説 特別の教科 道徳編（平成29年3月）「第2 内容」の学年段階ごとに示されている内容項目の指導観点や幼稚園教育要領（平成29年3月31日告示）を基に中学部の実態に合わせて、指導観点表を作成した。実態を4つに分けたグループごとの目標を設定することで、具体的な目標や個々の目指す姿について考えることができた。また、授業内容の選定や観点等、授業を組み立てていくのに役立てることができた（表1）。

表1　知的障害特別支援学校道徳教育指導観点表（抜粋）

B主として人との関わりに関すること				
内容項目	中学部A	中学部B	中学部C	中学部D
親切、思いやり（思いやり）	相手のことを思いやり、親切にすること。	身近にいる人に優しく接すること。	身近にいる人の考えや気持ちを知り、優しく接することのよさを感じること。	身近にいる人との関わりの中から相手を意識し、接すること。
感謝	家族や学校など、身近で日頃世話になっている人に感謝すること。	家族や学校など、日頃、世話になっている人々の存在に気が付くこと。	家族や学校など世話になっている人々の存在に気が付くこと。	家族や学校など世話になっている人々の敬愛に気が付くこと。
礼儀	時と場をわきまえて、礼儀正しく真心をもって接すること。	気持ちのよい挨拶、言葉遣い、動作を知り実践すること。	正しい言葉遣いや適切な挨拶を知り、実践すること。	日常生活を送るために欠かせない基本的な挨拶や動作を知り、実践すること。
友情、信頼	友達のことを理解し、仲よく活動したり、助け合ったりすること。	適切な友達との関わり方を知り、友達と一緒に仲よく活動することのよさや楽しさを知ること。	適切な友達との関わり方を知り、友達と一緒に活動することのよさを知ること。	友達と一緒に活動することのよさを知ったり、心地よさを感じたりすること。
相互理解、寛容	自分の考えや意見を相手に伝えること。相手のことを理解し、自分と異なる意見を受け入れ、大切にすること。	自分の考えを相手に伝えること。自分と異なる意見も受け入れること。友達のよい点を知ること。	自分の考えを相手に伝えること。自分と異なる意見を知ること。友達のよい点を知ること。	（自分の考えや自分とは異なる考えがあることを知ること。）

４．授業実践

（1）実態について

　中学部1〜3年生を実態に応じた4つのグループに分けて実施した。実践したCグループ（生徒6名）は、発語はあるものの自分の気持ちを伝えたり、やりとりをしたり、相手の気持ちを考えたりすることが難しい等、実態は様々である。またその中で、事例対象生徒を挙げ、変容を追うことにした。ＡＳＤの事例対象生徒は集団での活動や行事等では緊張して顔がこわばり固まってしまう傾向にある。人とのやりとりでは、担任や作業学習で関わる教師には、好きなテレビ番組の一場面を真似し、自分から関わることができる。しかし、慣れていない相手とは難しい傾向にあった。そこで、道徳教育を進める中で、自分の気持ちを相手に伝えるための語彙を増やすこと、人との関わりや進んで取り組める場を増やすことを重点として取り組むことにした。

（2）自己肯定感、友達とのやりとり

　自己肯定感が高まり、友達とやりとりする場が増えるように、特に道徳の内容項目B「主として人との関わりに関すること」に重点を置いた授業作りを行った。また、その中で役割演技や体験活動を通して、どのようなやりとりが良いか等について、学ぶ時間を設けた。

（3）授業の取組について

　事例対象生徒やグループの実態を基に、運動会やスポーツ大会等の行事と関連した内容を授業に取り入れた（表2）。身近な行事や他の学習と関連した内容を扱うことで、授業内容が具体的で分かりやすくなり、また、般化へとつな

がりやすいと考えた。

表2　授業内容と関連

教科・領域グループ	主題名内容項目	本時の内容とねらい	関連
道徳①役割演技	自分や友達の頑張ったことを知ろうB 相互理解、寛容	運動会の生徒係会を題材として取り上げ、自分ががんばったことを認めてもらったり、友達ががんばっていることを知り、認めたりすることを通して、友達の良さを知ることができる。	学校行事運動会
自立活動①体験活動	好きなことを伝え合おう	自分の好きなキャラクターを伝えたり、友達の好きなキャラクターを考えたりすることで、友達とのやりとりを学び、楽しむことができる。	学校行事学校間交流
道徳②役割演技	ステキな挨拶って何?B 礼儀	素敵な挨拶とは何かについて考え、実際に「相手を見る」「お辞儀をする」「笑顔に気を付けて挨拶をする」ことができる。	道徳月目標7月
道徳③役割演技	こんなとき、どうする?B 親切、思いやり	準備や後片付けで困っている友達に言葉を掛けたり、手伝ったりすることができる。協力して運ぶ様子を見て友達を認めることができる。	体育
道徳④役割演技	スポーツ大会がんばろう!〜仲間と『いいね』を増やそう〜B 友情、信頼	PK合戦の競技場面で、友達を応援したり、ゴールを決めたら一緒に喜んだりと、友達を意識して活動することができる。一緒に活動することの良さを感じることができる。	学校行事中学部スポーツ大会
自立活動②体験活動	おすすめ場所を聞いてみよう	修学旅行のおすすめ場所を尋ねたり、クイズに出したりすることで、様々な人とやり取りすることができる。	総合的な学習の時間修学旅行

(4)『自分の頑張りを認める』『友達との関わり方を知る』『友達と認め合う』ことに視点を置いた授業

＜役割演技の言葉掛け＞

自分で役割演技の際に友達へ掛ける言葉について考えることが難しい生徒が多いため、役割演技で使う言葉は、好ましい言葉を提示し、選択するようにした。また、好ましくない言葉は、教師が提示することでかえって関心を持ってしまうことを考慮し、今回は敢えて取り入れずに実施した。授業後のふりかえりシート（図1）には、学習した言葉やこれから学習する言葉等を含めた好ましい言葉を入れ、その中で使ってみたい言葉に○を付けるという設問を設けた。

図1　ふりかえりシート（抜粋）

＜場の工夫＞

座席配置は馬蹄形にしてお互いの表情や役割演技が見えるようにした。思いや気付きを大切にし、生徒のつぶやきを教師が代わりに皆に伝える等、話しやすい雰囲気作りを心掛けた。

＜授業の流れ＞

①挨拶②道徳科の授業で学ぶこと③授業のルール④問題提起⑤自分の考えや意見⑥役割演技⑦評価⑧振り返り⑨挨拶と授業の流れを一定にすることで、見通しを持って取り組めるようにした。

＜導入＞

a　道徳科の授業で学ぶことについて

道徳科の授業は正答や誤答はなく、多くの友達の考えを聴き合い、感じ、考える時間であることを知ってほしいと考えた。そこで授業の最初は「道徳の授業は『聴く』『知る』『伝える』『感じる』ことを通して『すてきな大人になる』ための学習である」ことを掲示資料を使って伝えるようにした（図2）。

図2　道徳科の授業

した（図3）。また、振り返り場面の自己評価や他者評価の観点を掲示した（図4）。

図3　道徳科の授業　板書

b　授業のルール

　授業のルールとして「話をするときは手をあげる」「友達・先生の話はしずかに聴く」「書くときはしずかに書く」を確認した。道徳の授業にかかわらず、話をするときのルールとして身に付けてほしいと考えて取り入れた。

＜「見える化」する授業づくり＞

a　映像教材

　教材は、生徒の活動を事前に撮影したものを使用することで内容理解や意欲へとつなげるようにした。振り返りでは、役割演技の様子をビデオで撮り、評価に活用した。

b　教師のモデリング

　役割演技前には教師がモデリングを行い、しぐさ、表情、対話等を具体的に示し、活動内容を分かりやすく伝えるようにした。生徒が実際に教師の演技を模倣しながら行い、うまくできたところを褒め、自信を持って学習に参加できるように意識した。

c　掲示資料の活用「友達と認め合う」

　見通しを持って取り組めるように、役割演技の順番や役割演技で友達に伝える言葉等を掲示

d　言葉掛けの自己選択

　相手に伝える言葉を自分で考えることが難しい生徒のために、3つの言葉掛けパターンを用意し、自己選択できるようにした。また無地のホワイトボードを用意し、生徒から出た言葉を書けるようにした（図3）。

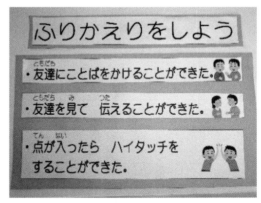

図4　振り返りの観点

e　認定証作成

　自己肯定感を高めていくために、自分や友達が頑張ったことを認め合う場面を設け、そこで「いいねシール」を貼り、認定証を作る活動を取り入れた。授業ごとに「思いやり認定証」「な

かま認定証」等名前を変え、積み重ねていった。

f　廊下掲示「いいね言葉を伝えよう」

　日常場面の中で、学習で学んだ言葉を使い、やりとりできたときには、廊下に掲示した「いいね言葉を伝えよう」にシールを貼り、自己評価を重ねていくようにした。年間を通して掲示することで、授業で終わらず継続的に意識できるようにした。

＜評価について＞

a　生徒「自分の頑張りを認める」

　図1で示したふりかえりシートは全員が自己評価できるように、イラストを入れ選択式にした。ふりかえりシートや認定証はファイルに閉じ、3年間蓄積するようした。

b　教師

　評価を明確にして授業を行えるように指導案に個々の生徒の目標と手立てを入れた。授業後は教師用道徳授業ふりかえりシート（図5）を活用し、各グループで話し合った後に全体でシェアリングを行い、次の授業や日常での般化につなげてくようにした。

道徳授業ふりかえりシート	
授業実施日	平成　年　月　日（　）　校時
グループ	
主題名内容項目	
授業について	＜主題の設定について＞
	＜発問・授業の流れについて＞
	＜生徒の様子について＞
	＜評価方法について＞
	＜改善点・疑問点・共通理解＞

図5　教師用道徳授業ふりかえりシート

5．実践例

　「スポーツ大会がんばろう！～仲間と『いいね』を増やそう～」の学習を通して

＜授業前の様子＞

　Cグループは、全員スポーツ大会の種目がPK合戦であった。毎日の練習の様子を見ていると、自分の順番や競技内容は理解しているが、友達の蹴る姿は見ていないことが多かった。そこで「スポーツ大会がんばろう！～仲間と『いいね』を増やそう～」という授業を計画した。友達との関わりを深め、一緒に活動する喜びを感じてほしいと考えたからである。

＜授業の様子＞

　PK合戦の場面を役割演技で行った。ゴールが決まったら相手の顔を見て、ハイタッチをし、「やったね。」「すごいね。」等の言葉を掛ける。ゴールが外れてしまっても「ドンマイ。」「次は入るよ。」などの励ましの言葉を掛けるという場面を展開した。また、役割演技の際は、カチンコ＊を使用した。生徒にとって始まりと終わりが分かりやすいことや、カチンコがあることで役割演技に進んで取り組む姿が見られた。「よーい、アクション。」「カット。」と生徒同士で声を掛け合い友達の役割演技に注目するようになった。

＊カチンコ：映画の撮影に使う道具で、拍子木とショット情報を記載するボード。

＜授業後の体育＞

　実際の体育で言葉が書かれたメモ（図6）を用意し、般化に繋げていきたいと考えた。事例対象生徒は、友達のゴールが決まると自分から手を挙げ、ハイタッチを求めるようになった。

またその他の生徒もメモを見ながら言葉を掛ける姿が見られるようになった。

図6　体育で使用したメモ

＜スポーツ大会当日＞

　試合中は友達の蹴る様子を見て、自分の番がくると「次は、私です。」といって友達に伝えたり、ゴールが決まると手を挙げて喜んだり、全員にハイタッチを求めたりする姿が見られるようになった。また、競技後は、「頑張ったと思う人手を挙げてください。」といって、頑張った自分を認めて自己評価をし、そのことを教師に伝え、自己肯定感を高めることができた。

＜スポーツ大会後の様子＞

　スポーツ大会後の別の場面でも友達に「がんばってください。」と言葉を掛けたり、ゴールを外した友達に「ドンマイ」と励ましたりする様子が見られた。その後もゲームに勝つと手を挙げて喜ぶ姿を見せたり、相手を見て、ハイタッチをして喜び合ったりできるようになった（図7）。

6．事例対象生徒の評価（抜粋）

（1）事例対象生徒の評価

　授業後のビデオ映像や教師の授業後のふりかえりシートにより、エピソード評価としてまとめた（表3）。

図7　スポーツ大会後の体育の様子

表3　事例対象生徒の短期エピソード

（自己肯定感　　　関わりについて―――）

短期エピソード抜粋（道徳科授業での様子）
・目線を合わせることが苦手な生徒のため、初めは役割演技の際、ボードを横目で見ながら言葉掛けを行っていた。しかし、慣れてくると目線を友達に合わせて伝えたり、やりとりしたりし、笑顔を見せる場面が見られるようになった。また、係活動をがんばった友達に「すごいですね」「すばらしいですね」と自分で考えた言葉を掛けることができた。授業終了後、「道徳の授業頑張った人は手を挙げてください」と言って自分の頑張りを認めていた。

（2）事例対象生徒の変容

　授業では、役割演技や日々の様子を具体的に取り上げて認めたり、褒めたりすることで、回を重ねるごとに挙手や発言が増え、意欲的に学ぶ姿が見られるようになった。言葉を組み合わ

せたり、相手によって言葉を変えたりと自分で工夫して役割演技できたときを言葉掛けの工夫回数としてとらえて変容をみたところ、最後にはほぼ全員の友達に工夫して言葉掛けをすることができた（表4）。表3の短期エピソードからも表情が和らぎ、進んで学習に取り組む様子が分かる。また、長期エピソードに示したように「ありがとう」「どういたしまして」等、日常場面で教師以外の友達とのやりとりの回数が増え、関わりが深まったと推察された。

表4　事例対象生徒の授業の変容

	道徳①	道徳②	道徳③	道徳④
挙手	1	2	4	4
発言	1	2	3	4
言葉掛けの工夫	2	2	4	4

道徳授業前アンケートで、事例対象生徒は「友達はいますか」という問いに「はい」と答えたものの、友達の名前を尋ねると「○○先生」という答えだった。その後7月の同じ問いに対して学年全員の友達を挙げ、9月には学年全員とCグループ全員の友達の名前を挙げた。対象が広がり、本人の中で徐々に友達意識が高まったことが推察された。しかし10月に同じ調査を行った時には、友達が学年全員に減ってしまった。これは、事例対象生徒が修学旅行へ行き、同じ学年の友達は、他の友達に比べて特別な意味をもつものであると感じていると捉えられた。筆者は対象生徒の友達の人数が増えることを目標としていたが、予想以上の生徒の成長を感じることができた。

また授業のふりかえりシートで事例対象生徒は、図1の項目の中にある「すごいね」「すばらしい」「ありがとう」「どういたしまして」「が

んばったね」に複数回○を付け、日常場面でも実際に使うようになった。授業で学んだことを日常場面に般化することができた。

（3）自己肯定感の高まり

東京都教職員研修センターでは、自己評価を行うことが難しい子どもの状況を捉えるために「他者評価シート」を開発している。

他者評価シートを使い、Cグループ生徒の道徳授業実施前5月と10月の実態を調査した。Cグループ全体の様子を見ると、少しずつではあるが、すべての項目が上昇した（表5）。

全体を通して、少しずつ仲間や友達意識が高まってきたことが読み取れる。表6より事例対象生徒の「意欲」については1.00ポイント上昇したが、「落ち着き」に関しては0.75ポイント減少した。この二つは表7の「自己行動の制御」としてとらえられており、日常生活の変容した様子と合わせて見ると生徒が主体的に取り組む場が増えた結果からと考える。人との関わりでは「友達との関係」が1.00ポイントと一番変容が見られ、次に「人への働き掛け」が0.50ポイント、「大人との関係」「場に合わせた行動」が0.34ポイントと少しではあるが、上昇した。表7の「対人関係」「社会的なルールの理解」が上昇し、事例対象生徒が自分から活動し、友達とのやりとりが深まったことが調査結果から分かる。

表5　他者評価シート結果からの変容（Cグループ）

Cグループ全体	5月	10月	変容
①人への働き掛け	0.38	0.44	＋0.06
②大人との関係	0.47	0.53	＋0.06
③友達との関係	0.36	0.42	＋0.06
④落ち着き	0.43	0.47	＋0.04
⑤意欲	0.48	0.53	＋0.06
⑥場に合わせた行動	0.48	0.50	＋0.02

表6 他者評価シートの結果からの変容（事例対象生徒）

事例対象生徒	5月	10月	変容
①人への働き掛け	3.00	3.50	+ 0.50
②大人との関係	3.33	3.67	+ 0.34
③友達との関係	1.67	2.67	+ 1.00
④落ち着き	3.75	3.00	− 0.75
⑤意欲	2.50	3.50	+ 1.00
⑥場に合わせた行動	2.83	3.17	+ 0.34

表7 他者評価シートの構成

対人関係	①人への働き掛け ②大人との関係 ③友達との関係
自己行動の制御	④落ち着き ⑤意欲
社会的なルールの理解	⑥場に合わせた行動

7. 成果と課題

（1）成果

　指導観点表を作成することで、実態に合った具体的な目標や個々の目指す姿について考えることができた。また、授業内容の選定や観点等、授業を組み立てていくのに役立てることができた。

　役割演技や体験活動を取り入れることで、事例対象生徒をはじめCグループの生徒達は人とのやりとりを学び、自分のことを相手に伝え合う良さを知り、日常生活の中でも相手の方を見て話すといった関わりができるようになった。また、友達の行動を認め「すごいね」と言葉を掛ける等、友達のことを意識した行動が見られ

るようになった。

（2）課題

　道徳科の授業づくりでは、実態に合った指導方法や内容を常に検討し、他の教科等や行事と結び付け、実際の行動につなげていけるような関連付けが大事である。

　また、生徒の成長を評価し、次へつなげていくためには、授業だけでなく、教育活動全体をとおして、短期エピソードを蓄積して、生徒の変容を追っていく必要がある。さらには、授業後に指導内容の反省だけでなく、どのような内容で取り組むと生徒達の目指す内面の成長につなげていけるか、どのように生徒達が変容したかについて話し合う時間を教員同士でもつことが大切であると考える。

主な参考文献

吉本恒幸（2015）「特別支援教育における道徳教育」『特別支援教育研究』686号東洋館出版社

岩瀧大樹（2010）「特別支援学級における「道徳の時間」の検討」東京海洋大学研究報告

西村公子・菊地一文（2017）「雇用の現場やコラボレーションから考えるキャリア発達支援」『実践障害児教育』527号学研

「特別の教科 道徳」の指導方法・評価等について（報告）2016年7月 道徳教育に係るありかたに関する専門家会議

東京都教職員研修センター『東京都教職員研修センター紀要第11号』2012年3月

東京都教職員研修センター『自信 やる気 確かな自我を育てるために 発展編』2012年3月

Comments

　「道徳科」への注目が高まっている中、本実践におけるASDのある生徒の「内面の育ち」へのアプローチは大変興味深い。対象生徒らの変容は、対応が難しいとされてきたASD支援の今後の可能性を大きく示唆しており、今後の取組の深化が期待される。

第IV部

キャリア教育の広がり

　これからの時代に求められる資質・能力を育成する新しい教育では、キャリア発達を支援するキャリア教育の一層の理解と取組の充実を掲げている。第IV部では、本研究会や各地域の研究会の対象が一層広がっていくよう、テーマを「キャリア教育の広がり」とし、いずれも各地域や障害特性に応じた特色ある取組を掲載した。はじめに障害特性に応じたキャリア発達支援の取組、次に小学校の取組、そして秋田県の取組である。

高機能ASD幼児に対する早期からのキャリア発達支援
―「個別化」と「集団形式」を両立させる方法―

横浜市総合リハビリテーションセンター　地内　亜紀子・白馬　智美
相模女子大学人間社会学部／子育て支援センター教授　日戸　由刈

ASD幼児の集団療育では、一般的に構造化の手法を使い抽象的な事柄を視覚的にわかりやすく提示し子どもに自律的な行動を促している。ASD児は自分のやり方やペースを本能的に優先し、対人関係を柔軟につくっていくことが難しい（本田，2015）。そのため、主たる生活の場が園や学校など多様性があり曖昧な刺激の多い一般集団にある高機能ASD幼児の集団参加はかなりのストレスになりうると考えられる。しかし、将来的にも一般集団で生活していくであろう高機能ASD幼児にとって幼児期から集団での成功体験を積み重ねていくことが重要である。本報告では、療育者との個別の関係性を重視することで、個々が成功体験を実感できる集団形式のプログラムを紹介し、高機能に特化した工夫や配慮など技術論について考察する。

◆キーワード◆　幼児期、個別性、集団療育

1．はじめに

横浜市総合リハビリテーションセンター児童発達支援事業所「ぴーす新横浜」（以下、「ぴーす」）では、高機能ASD幼児を対象に①子どもへの集団療育、②保護者への支援、③保育所・幼稚園・学校など地域の関係機関への支援、④就学後の親子に対する接続期の支援、を行っている。このうち①②は、年齢、知的水準、興味関心を考慮したグループ編成により、親子6組に対し担任2名（リーダー、サブ）というクラス単位で行っている。筆者は「ぴーす」の保育士かつ園長として、子どもの療育や保護者や地域への支援、人材育成に幅広く関わっている。

ASD幼児の集団療育では、一般にASDの特性に配慮した個別性の高い環境や課題の設定が重要視される。すなわち、構造化の手法を使い、個々のアセスメントに沿って余計な刺激を排除した環境を用意し、課題の手順やルールを視覚的な手がかりを使って具体的に提示して自律的な行動を促し、達成感を持てるように支援する。

知的発達に遅れのない高機能ASD幼児の集団療育においても、この原則は共通する。視覚的にルールを提示し、曖昧な時間を無くして適切な行動を積み重ねていく。例えば、子ども同士の集団活動の目標を「ルールを守って楽しく集団に参加する」とした場合、「着席する」「静かにする」といった絵カードを視覚

的に提示し、刺激の少ないシンプルな声かけでテンポ良く進めるなど、療育者は個々にとってわかりやすいルール呈示を行い、集団での良い行動を積み重ねていく。ASD幼児は高機能であって曖昧で抽象的な事柄がわかりにくいため、個別性の高い配慮によってわかりやすい環境や課題が提供されると、自分で判断して行動することが広がり、安定した参加が期待できる。

一方、高機能ASD幼児は知的発達に遅れがないがゆえに、集団療育においては知的障害児と異なる難しさがしばしば生じうる。集団療育を行う中で、ルールを提示すればするほど、クラス全体が落ち着かなくなることがある。これは、ASD児者の特性である「中枢性統合」や「心の理論」の困難から生じる現象（Frith, 2009）と考えられる。すなわち、彼らはルールへの注目が高いゆえにルールを必死に守ろうとし、守っていないことをお互いに指摘しあうため、否定的な集団ダイナミズムが生じやすい（図1）。その結果、個々が競ってルールを守ることばかりが目的化し、「活動を楽しむ」「仲間同士で楽しむ」という本来の目的が大きく見失われてしまうことがある。

図1　指摘しあう集団

本田ら（2012）は、知的障害児に対する集団療育の実践にもとづき、「個別化」と「集団形式」を両立させるための方法論として「まず、個別の評価を詳細に行ってから、その次に集団プログラムの設計を行う」と述べている。本報告では、高機能ASD幼児に対する集団療育における療育者との個別の関係性をより重視したプログラムの実践を紹介し、高機能に特化した工夫や配慮などの技術論について考察する。

2．方法

通年で行っている集団療育の毎回の流れを見直し、①大人との1対1のやりとりを通じて自分の不安や苦手を大人と共有する時間、②集団プログラムの中で成功体験を積み重ねる時間、③子ども同士が自由遊びを通じて一緒に楽しく過ごす時間、に再構成した。具体的には、構造化の手法を用いた一斉指示による集団プログラムの前後に、「おべんきょうの時間」と「おもちゃの時間」という、あえて構造の緩い場面を設定し、個別性の高い支援が行えるようにした（図2）。

図2　1日の流れ

各プログラムのねらいと方法は、下記の通りである。

(1)「おべんきょうの時間」(＝個別学習)
＜ねらい＞
- 個々の興味関心を活かした課題で大人から承認される経験
- 集団プログラムに向けた心の準備：わからないこと、不安なことを大人に伝えて共感や支援を得る経験

＜具体的な進め方＞
　療育者は事前のアセスメントをもとに、個々の興味に合わせた教材を用意し、それに関して大人と1対1でやりとりする時間を充分に確保した。子どもは、自分の好きなことを話して大人から承認される経験を積むことで満足し、次回の個別の時間に対しても期待が高まる。大人との関係性ができた段階で、集団プログラムについても話題にする。集団プログラムには、苦手なことや人と一緒に取り組まないと完成できない工程を盛り込んでいるため、わからないこと、不安なことを大人に伝えて共感や支援を得ることを経験する（図3）。

(2) 集団プログラム（＝一斉指示による設定場面）
＜ねらい＞
- 心の準備による、安心感と主体的な参加
- それぞれ違ったやり方やペースでの成功体験

＜具体的な進め方＞
　療育者は「おべんきょうの時間」に個々が訴えた不安や困り感を受けて、集団プログラムに参加するうえで必要な支援を保障することで、子どもは安心して主体的に取り組み活動への意欲が高まる。集団の場で療育者が多様性のある参加の仕方を認めていることで、個々がそれぞれ違ったやり方やペースで参加し、成功体験を積む。

(3)「おもちゃの時間」(＝自由時間)
＜ねらい＞
- 個々が自分の興味のある活動で楽しみ、大人や仲間から承認される経験
- 大人が間に入ることで、子ども同士が個々のやり方の違いや多少の逸脱を受け入れながら、一緒に楽しく遊ぶ経験

図3　心の準備

図4　粘土遊び

<具体的な進め方>

　曖昧な刺激や暗黙の多い自由遊びの時間は、高機能ASD幼児にとってトラブルが起きやすい時間ではあるが、集団プログラムで成功経験を経ていることで遊びのレパートリーは広がっていく。療育者は、個々の意欲的な遊びを見守りつつ、機会があれば他児を誘い、一緒に遊ぶようにしかける。たとえば、「粘土遊び」（図4）では、始めは個々に異なる手がかりや工夫により粘土で遊んでいても、療育者が間に入ることで、互いのやり方や作品に関心を促し、ときには「海の生き物」などのイメージを共有して楽しめるようにする。

4．結果

1)「おべんきょうの時間」：大人との1対1の関係を通じて、個々の興味関心が認められる場となり、信頼関係が作られ、不安や苦手を大人に伝えて共感や支援を得る経験が積み重なった。

2)「集団プログラム」：個々の不安や困り感に合わせた支援の提案によって安心して取り組めるようになり、その後の一斉活動にも主体的な参加が見られるようになった。

3)「おもちゃの時間」：最初から仲間同士で遊ぶことはねらいとせず、年度前半は、個々が興味関心のある遊びを通じて、大人や仲間から承認を受ける経験が積み重なった。年度末には、大人が間に入ることで、個人の好きな物を持ちより、クラスみんなで、"1つの物を注目する"「趣味の時間」（日戸ら,2010）への参加も楽しめるようになった（図5）。

図5　趣味の時間

<事例紹介>

　本報告の事例紹介にあたっては保護者から同意を得ており、本質と関係のない内容は改変した。

事例A：5歳のASD男児（IQ90）。イレギュラー場面への不安が高く、所属する園の行事には参加拒否や登園渋りを示す。【集団療育を開始して半年後の様子】おべんきょうの時間：この時間を使って、療育者が毎回の予定を細部まで説明し、本人の不安を十分に解消するように努めたところ、集団プログラムでのイレギュラー課題にも回避や拒否なく参加できることが増えた。おもちゃの時間：仲間同士で様々な玩具や活動を楽しむようになった。【就学後の様子】保護者は特別支援学級を選択。入学当初は登校渋りがみられ、自分から校長に「退学届」を2回提出した（図6）。その結果、学校内での支援体制が充実し、本人も校長からの励ましを受け、2か月後、安

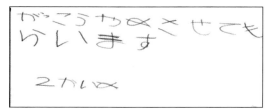

図6　退学届

定して登校できるようになった。「大人と話すことによって事態が好転する」ことの実感や期待感が芽生え始めたと考えられる。

事例B：5歳のASD男児（IQ160）。知識が豊富で小6レベルの漢字に興味を示す。過敏さ・衝動性が強く、所属園では見通しの持てない場面や自分の予想に反した他児の行動に対して逸脱や攻撃的行動を繰り返す。【集団療育開始】自分のペースで物事が進まないと苛立ちを抑えられず、他児への指摘や暴力、離席が頻繁にみられ個別的な対応が常時必要であった。【半年後の様子】おべんきょうの時間：得意な漢字で療育者から承認を得ることで、他の活動についても療育者の助言や提案を受け入れる姿勢が芽生えた。集団プログラム：本人の苦手な活動を、予め療育者と確認し、助言を受けることで、最後まで逸脱せずに取り組めるようになった。おもちゃの時間：まずは個々が興味のある活動で楽しめるようにした。子ども同士の関わりでは、関係性を療育者が脇から解説することで、自分の主張と他児の主張が衝突し葛藤状態が生じても、他児を攻撃しなくなった。年度後半には、集団活動に安定して参加し、「趣味の時間」では自分の話をすること、他児の話を聞くことが可能になった。【就学後の様子】支援の効果を実感した保護者が特別支援学級を選択し、ぴーすからも引継ぎを実施した。担任と良好な関係を築き、困ったときには担任に相談し、葛藤状況でも担任からの助言や提案を概ね受け入れている。ぴーすに来た時には、「（教室に）動きが不自由だけど、かわいい子がいる」、「ルールを破る子がいる。きっ

と悪い癖が出ちゃうんだよ」など、多様性のある集団の中でも安定した学校生活を楽しく過ごしている。

5．考察

高機能ASD幼児は、大人との1対1のやりとりでは、大きな支障なく関わることができる。しかし、園や学校など地域の一般集団では、他児の発する刺激が多く、互いの違いや例外を許容できないために指摘や攻撃からトラブルとなることが多くなる。日々、そのような環境に身を置き、一般集団での生活の中で、自分自身も上手くできない経験を積み重ねていることも多い。その結果、高機能ASD幼児は、人との関わりに対して否定的な経験が多く、集団に対しての抵抗や苦手意識を強く持っていることが多くみられる。

高機能ASD児者に対する教育や療育の方法論は、知的障害のあるASD児者に対する療育や教育の延長として考えられることが多かったように思われる。高機能ASD幼児は主たる生活の場は一般集団であり、将来的にも多様性があり曖昧な刺激の多い集団の中で生活し、社会参加することが目標となる。支援者はそのことを前提としながら、療育、教育の方法論も考えることが必要である。そうであれば、幼児期から人と一緒に過ごすことの楽しさを実感できる支援が必要である。また地域で否定的な関わりを経験しているからこそ、療育の場では集団活動で楽しく過ごせる工夫をいかに用意できるかを支援者は試行錯誤する必要がある。

本報告では、高機能に特化した、「個別化」と「集団形式」を両立した集団療育プログラ

ムを紹介した。1日の流れの中に相対的に個別性が高く構造の緩い場面を設定し、個々の子どもが療育者からの承認や相談経験を積み安心して集団プログラムに参加すること、自由遊び場面で子ども同士で折り合って一緒に楽しむことをねらいとした。事例を通じて、子どもは学んだこれらの社会的な価値を就学後も持ち続けていた可能性が考えられる。高機能に特化した療育や教育では、構造化による"わかりやすい集団プログラム"で自律的行動や達成感を促すだけでなく、個別の関わりでの人との基本的な信頼関係と個々の違いを前提とした上で集団活動での成功体験の両方を経験することが重要である。幼児期の段階から将来の社会参加の土台となる価値や態度を教えることも、極めて重要なテーマであり、今後のキャリア発達につながっていくことであると考えられる。

上記を実施するためには、個々の興味関心や不安の持ち方を始めとした個別のアセスメントが重要である。また、集団療育では個々の子どもに合ったそれぞれ違う参加の仕方やペースを保障する「集団づくり」がポイントとなる。一方で「集団」として成立可能な個々への支援の提案が必要であるが、この両立は実はなかなか難しい。そのためには、それぞれ違う個々を包括できる手腕も求められるだろうし、療育技術だけでなく時には療育者の価値観も問われることもある。今後の療育実践のむけては、さらに技術論を整理するとともに、人材育成なども課題となると考えられる。

参考文献・書籍

本田秀夫監修（2015）自閉症スペクトラムがよくわかる本. 講談社.

Frith U（2003）Autism : Explaining the Enigma : Second Edition.Blackwell Ltd,Oxford,（冨田真紀, 清水康夫・鈴木玲子訳（2009）新訂 自閉症の謎を解き明かす. 東京書籍.

本田秀夫・五十嵐まゆ子・後藤慶子（2012）療育のグッドプラクティス：清水康夫, 本田秀夫編著：幼児期の理解と支援. 金子書房,p100-107.

日戸由刈・萬木はるか・武部正明ほか（2010）アスペルガー症候群の学齢児に対する社会参加支援の新しい方略. 精神医学 52(11),p1049-1056.

Comments

子供たちが将来自立し自分の人生を生きていくことは、急にできるようになるのではなく、準備が必要である。そのために学校では、成功体験をとおして、子供たちが自ら気付くことや、自分を見つめ自らの生き方を考えることを促すことでキャリア発達へとつなげていくことが重要となる。本報告では、さらに個々の発達を踏まえた働きかけの重要性を指摘しており、参考になる。

2 小学校におけるキャリア発達支援
～本人の願いを大切にした通級指導教室での実践～

横浜市立仏向小学校教諭　岡田　克己
前横浜市立若葉台特別支援学校主幹教諭※　川口　信雄

※現ゆたかカレッジ顧問

　コラボ教室では、発達障害のある本人の願いを実現するために「専門分野」「社会性」「自己理解」の三つを柱に指導を構成している。通級担当者が児童の在籍学級にて、学級担任と協働したチームティーチング支援を行う「巡回型指導」、外部専門家講師を招き、協力しながら子ども一人一人の強み（好き・得意）の探求を支援する「専門分野の特別指導」、本人の願いを実現できるように、本人の言葉を関係者みんなで聴く「本人参加型会議」等の実際や、本人が学びの主体となって「自分のめあて」を立て、生活の中で、PDCAサイクルに沿って取り組むための、本人が作成する「コラボ学習計画」という個別の指導計画の取組と成果について紹介する。

◆キーワード◆　本人の願い、自立活動、通級指導教室

1．Nothing About Us Without Us（私たちのことを、私たち抜きに考えないで）デビット・ワーナー氏の言葉

（1）誰のための「ニーズ」か

　発達障害のある児童への通級による指導は、在籍校や保護者など周りの人の困りや申し出等により開始する場合が多い。そのため、指導を展開していく際に、本人自身の学ぶ意欲や、自己の課題の理解に困難を抱えていることが多い。

　新学習指導要領では自立活動の内容に自らが学習や生活がしやすいように能動的に環境へ働きかけていく力をつけていくことに関する項目が追加された。また、自己理解支援は、自己判断、自己選択、自己決定の力を育み、自分に必要な合理的配慮に関する意思の表明につながるため、「主体的な学び」や「自己理解」を学齢期段階から支援する社会的要請が高まっている。

　個別の教育支援計画や個別の指導計画を作成し活用していく際、発達障害のある児童のアセスメントとして「特性」の把握と同様に「ニーズ」の把握が重要とされている。「特性」とは「障害特性」「認知特性」であり、「ニーズ」とは「その人にとって必要なこと」であるはずであるが、学齢期における発達障害のある児童は、本人自身が必要と感じていないまま大人から指導されている状態になっていることがある。まさに、Nothing About Us Without Us（私たちのこ

とを、私たち抜きに考えないで）というデビット・ワーナー氏の言葉は、わが国の学校教育における発達障害教育に対して、重要なメッセージとなっている。

（2）これからの通級に求められるもの

山下公司氏(2016)は、通級指導において、子どもと共同戦線をはることで、よりよい指導が可能になると示し、「子どもの願い」から指導をスタートすることで、子ども自身が活動に対して主体的に、そして目的意識をもって、課題に取り組む姿が見られると述べている。また、子ども・保護者・学級担任の願いを把握する際は、ディマンドとニーズの違いを意識することが重要で、「子どもの願い（ディマンド）」を中心に把握したうえで、「子どもに今生活するうえで必要なこと（ニーズ）」を把握し、指導計画を立てることが望ましいとしている。

柘植雅義氏（2018）は、ライフステージを通した支援の具体的方策に向け、「サービスを提供する側だけが設計した計画ではなく、本人や保護者も参画しての計画の作成や実施が重要である。」とし「本人が将来の夢を描き、そこから紐解いて、この1年間、これからの数年間をどのように取り組んでいくか、ということを共に設計していくことが重要である。その具体的なルール作りが急務であろう。」と述べている。

2．コラボ教室の開設

（1）新たな指導拠点の開設

横浜市は、2017年度より文部科学省の研究委託を受け、新たな指導拠点「コラボ教室」を小学校に開設した。

（2）コラボ教室の目的

本教室の目的は、発達障害等により学校生活への適応が困難である児童に対し、障害による学習上や生活上の困難の主体的な改善・克服を目標とする従来の自立活動の指導の視点に加え、子どもたちの高い興味関心や能力を活かす教育という新たな視点に立つ。また、発達障害等のある子どもの強み（好き・得意）を活かす指導・支援を行うことで、子どもたち一人一人が自尊感情を高め、自分らしく心豊かに日常生活に適応して、社会に貢献できる自己の実現を目指すという理念に基づく。そこで、①子どもが主体的に行う研究(ラボ:研究室)、②個のニーズ・願いを叶える研究、③専門家とのコラボレーションというコンセプトをもつため、名称を「コラボ教室」とした。

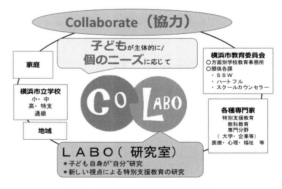

図1　コラボ教室のコンセプト

3．コラボ教室の理念と指導形態

（1）コラボ教室とは

(A) 対象児童

第1期生は小学3年3名、4年3名、5年5名の11名。全児童のIQの値による知能評価の基準は、平均の上から平均より非常に高いま

での範囲にある。また、WISC-IV（個別式知能検査）の指標・下位検査の個人内差が大きく、このことが生きづらさや学校適応困難の一因となっている。また行動特性に、強みと適応困難を併せもつ児童である。

(B) 指導の三本柱と３つの指導形態

コラボ教室では、個のニーズに応じながら上記の教室理念に沿った教育を行うため、「専門分野」「社会性」「自己理解」の３つを柱に指導を構成している。また、各児童に対して、「通級型指導（週１回２時間）」「巡回型指導（２週に１回２時間）」「専門分野の特別指導（年15回程度）」の３つの指導形態を併用して、指導を展開している。

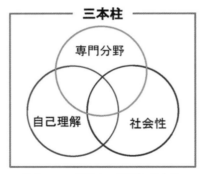

図２　コラボ教室　指導の三本柱

① 通級型指導

強み（好き・得意）が共通する児童を同一グループとして構成し、指導にあたる。このことで、話題を共有したり、共通の興味関心等に基づく学習活動を計画したりして、学習意欲を最大限に高め、活動に取り組むことができると考えた。さらに「専門分野の特別指導」の学びとの連続性をもたせ、相互に助言や評価をし合ったり協働して活動に取り組んだりする機会を意図的に設定する。それによって、子ども同士の関わりの中で自己理解、他者理解に基づくコミュニケーションや社会性を促進する自立活動の指導をより効果的に行う。

② 巡回型指導

コラボ教室担当が児童の在籍校へ出向き、在

写真１　各グループの通級型指導の様子

写真２　社会科分野の特別指導の様子

写真３　数学分野の特別指導の様子

写真4　文芸分野の特別指導の様子

写真5　プログラミングの特別指導の様子

籍学級に入り込み、学級担任と協働してチームティーチング支援を行う。対象児童が、本教室の通級型指導で培った社会性や学びに向かう力を十分に発揮できるように、日常生活場面における支援を行う。在籍校の特別支援教育コーディネーターを窓口とした連携を図り、当該児童への指導・支援の充実に加え、校内支援体制

の構築、拡充につながるように学校支援を行う。

③ 専門分野の特別指導

児童の能力や興味関心の高い分野を中心とし、必要に応じて当該分野の専門家の協力を得て指導を行う。通常の通級型指導（社会性および自己理解）の指導内容との関連を図ることで、児童の個性を引き出すとともに、それを活用す

表1　専門分野の特別指導の内容例

分野	講師	授業テーマ	◎特別指導の内容 主なねらい（○専門分野　●自立活動）
情報	合同会社デジタルポケット 井上愉可里氏	プログラミングでオリジナルゲームをつくろう	◎ビジュアルプログラミング言語 Viscuit を使い、プログラミング活動をする。
			○論理的思考、順序立てて考える能力、分析する能力などを育てる。 ●コミュニケーション力、見通した行動、行動の切り替え、援助要請の力をつける。
数学	横浜市立洋光台第一中学校教諭 下村治氏	桜の開花予想をしよう	◎計算処理を用いて、桜の開花日を予想する学習を行う。
			○社会に役に立ち生活に生きる算数・数学を学び、数学的思考を身につける。 ●課題に取り組む姿勢、援助の発信、グループの協力、行動を修正する力をつける。
社会	ゆたかカレッジ顧問 川口信雄氏	世界の地理と交通の不思議を知ろう	◎世界の国々のクイズ活動に挑戦し、世界の国々の文化や歴史について学ぶ。
			○世界と日本の違いを考えたり、社会問題の解決策を探ったりすることができる。 ●発表、注目傾聴、発言ルール、適切な質問応答、課題へ取り組む力をつける。
生物	横浜市立飯島小学校校長 尾上伸一氏	海の生き物の体の仕組みを知ろう	◎横浜の田んぼと池の生物を顕微鏡で確認する。また海の生き物を解剖し描画する。
			○魚の体のつくりと人間の体のつくり違いや、生物の体の仕組みを理解する。 ●意欲を高め、適切に質問する、役割交換、言語理解を高める。
文芸	絵本作家＆落語家 保科琢音氏	落語を聴いてイメージしよう	◎絵本読み聞かせや紙芝居、落語を聴く活動をする。
			○耳から聞いて言葉を理解しイメージする力を高め、言葉の用い方の面白さを学ぶ。 ●注意集中、注目傾聴、言葉のやりとり、感情の表現、面白さの共有の力を高める。

第Ⅳ部　キャリア教育の広がり

る指導を行う。表1に、2017年度に実施した15回のうち一部の内容を示す。

4．本人の願いを実現する自立活動の指導の展開

（1）本人参加型会議の実施

　1年間の指導初期と指導後に「本人参加型会議」を行った。参加者は、本人、保護者、担任、特別支援教育コーディネーター、コラボ教室担当の5名を基本とした。場所は、在籍学級で放課後に行い、時間は30分程度であった。本人参加型会議の目的は、本人が主体となって、「自分の目当て」を立て、日常生活の中で、P（願い・目当て）D（具体的な工夫）C（評価、振り返り）A（見直し）サイクル（後述）に取り組むための話し合いをすることである。この会議には次の2つの重要な側面がある。①本人の願いを実現できるように、本人の言葉を関係者みんなで聴くこと。②児童が力を十分に発揮できるよう、様々な立場から応援、助言をすること。

　会議参加のルールとして「全員が発言する」「記録を板書し視覚化、共有する」「他者の意見を否定しない」の3つを事前に提示し、これらのルールを守る約束をしてから始めた。

　会議は以下の4ステップで行った（図3）。
① 本人のいいところ（好き、得意、活躍、役割など）
② 困っていること（願い、気になること、など）
③ 目標の設定（良さを活かして困りにアプローチ）
④ 目標に向けた支援のアイデアを出し合う

　会議実施後の本人の感想は、「たくさん話せてよかった。」「自分では気づかなかったことを、

①本人のいいところ
（よさ、得意、好き、がんばり、強み、活躍の機会）

○すねないでがまんづよくなった。
○言葉づかいがていねい。
○気がきく。先生や友だちのことも気づく。
○友だちのよいところをみつけるのが得意。
○明るくて元気なところがいいところ。
○言葉で気持ちを伝えてくれる。

②困っていること
（願い、気になること、身につけてほしい力）

○言うことを聞かなくて、オレも困っている。例えばゲームの時間とか。
○つらいときに、だまって一人ぼっちにならないでほしい。
→オレに原因があったときは一人になって考えたい。
○気がちりやすく、すぐに立つことがある。
○友だちとのきょりが、ちかい。
○やるべきことはやってほしい（ふろ、はみがきなど）

③目標を考える
（よさをいかして、困っていることへアプローチする）

○えんきょり友だちになる。
○自分のしっぱいを許す「失敗は成功のもと」
○まあいいかが言えるようになるといい。
○音がしても、話している人のところを見る。
○ゲームとのつきあい方を考える。

④目標実現に向けた支援
（みんなで支援のアイデアをたくさん考えよう）

○ぼくが苦手な教科をてっていてきに教えてほしい。
○すぐにやめる練習をする。すごろくとかで。
○目標ができたらポイントシールなど工夫する。
○まほうのことば集めをする。どんまい、まっいいかなど
○クールダウンの場所を決めておく。

図3　本人参加型会議の記録の一例

写真6　本人参加型会議の様子

教えてもらえた。」「最初は緊張したけど、みんなが良いところをたくさん言ってくれたのが嬉しかった。」など挙げられた。

（2）本人が参画する個別の指導計画（コラボ学習計画）

本人が学びの主体となって「自分のめあて」を立て、生活の中で、PDCAサイクルに沿って取り組むために、「コラボ学習計画」という個別の指導計画を本人が立案する取り組みを

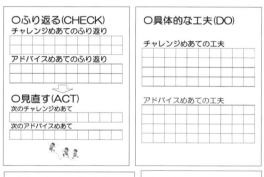

図4　コラボ学習計画のPDCAサイクルのシート

行った（図4）。通級型指導のグループ指導の中で、本人参加型会議の記録や友達のアドバイスを参考にしながら、「自分のめあて」を2つ設定した。自分で考えて立てる「チャレンジめあて」と、周りからの助言を受けて立てる「アドバイスめあて」である。

「自分のめあて」を、「1週間のめあて」として「めあてシート」に書き込み、毎日、周りの大人（担任・保護者・コラボ担当など）と振り返りを行った。1週間後の通級型指導の際に、「自分のめあて」のふり返りを行い、それを達成できるように、次週にむけて「1週間のめあて」の見直しを行った。

5．児童の変容のエピソード

1年間のコラボ教室の取組から、各児童の変容として以下のような様子が見られた。

Aさんは「プログラミングを極める」ことをめあてとして取り組んだ。みんなに楽しんでもらえるようなゲームを作成し披露する中で、Viscuitを作成した博士やコラボ教室の友達から助言やコメントを得ながら、改良を進めている。次年度、在籍校のクラブ活動にて、プログラミング学習を計画するなど、日頃の学校生活において学習意欲が高まっている様子が見られた。

Bさんは「返事ははいと言ってみる」ことをめあてとして取り組んだ。相手の話を一旦受けとめることができるようになり、他者からの注意や助言を受け入れることができるようになってきた。

Cさんは「声の大きさをマイナス15パーセントにして話す」ことをめあてとして取り組ん

だ。学校生活や家庭生活において、大声で叫ぶ姿が減り、声の大きさを調節してやりとりができるようになった。

Dさんは「いじけないで、気持ちを切り替える」ことをめあてとして取り組んだ。嫌な事があったときに、先生に相談することができるようになり、教室から飛び出すことがなくなってきた。また、「どんまい」「まっいいか」など気持ちを切り替える言葉をうまく使いながら、生活できるようになってきた。

6．まとめ

（1）学びに向かう力を高める指導の展開

学校適応が困難な子どもたちは、日常的に様々なことで学ぶ意欲を失っているように見える。しかし、彼らは好きなことや得意なことは人知れずひっそりと学びを積み重ねていることが多い。コラボ教室では子どもの強み（好き・得意）アセスメントシート（図5）を活用し、その内容を指導内容に含む。「学校が辛い」「勉強がつまらない」「授業が面倒くさい」という言い訳ともとられがちな思いを、周囲が十分に聴き取り受け止めながら、その背景にある「学びたい」「やってみたい」という願いを引き出していくことは、重要な支援である。本来、「学び」とは主体的なものであるはずだが、その学びの主体性を見失っている子どもたちにとって、学びに向かう力は「やりたいこと」の中でこそ育まれていく。今後も学校教育の中で、子ども一人一人が夢中になったり熱中したりできることを取り入れ、子どもたちが安心して好きなことに没頭できるような機会や環境を増やしていくことが望まれる。

（2）前向きな自己理解と本人の意志を育てる

「通級は障害の克服・改善を目的とするのではなく、子どもの夢や願いを実現するための自立活動をしていくべきである。」とは、川口信雄の言葉である。川口は更に、将来を見通した支援を考えると、目先の学校適応を主目的とした、苦手さを訓練するような学習支援や集団適応を促すためのソーシャルスキル指導には限界

（２）好きなこと、得意なこと（教科・スポーツ・遊び・テレビ・ゲーム・本）

①好きな食べ物は・・・（　　　　　　　　　　）
　嫌いな食べ物は・・・（　　　　　　　　　　）
②好きな色は・・・（　　　　　　　　　　）
③好きな遊びは・・・（　　　　　　　　　　）
④好きなテレビは・・・（　　　　　　　　　　）
⑤好きなゲームは・・・（　　　　　　　　　　）
⑥好きなキャラクターは・・・（　　　　　　　　　　）
⑦好きな本、マンガ、映画は・・・（　　　　　　　　　　）
⑧好きな教科は・・・（　　　　　　　　　　）
　　そのなかで特に好きな活動は・・・（　　　　　　　　　　）
　嫌いな教科は・・・（　　　　　　　　　　）
⑨好きなスポーツは・・・（　　　　　　　　　　）
⑩好きな音楽は・・・（　　　　　　　　　　）
⑪好きな場所は・・・（　　　　　　　　　　）
⑫好きな言葉は・・・（　　　　　　　　　　）
⑬得意なことは・・・（　　　　　　　　　　）
　苦手なことは・・・（　　　　　　　　　　）
⑭大切にしているものは・・・（　　　　　　　　　　）
⑮熱中できることは・・・（　　　　　　　　　　）
⑯私は（　　　　　　　　　　）をしているときの自分が好きです。
⑰「いいなあ」と思う生き方をしている人は（　　　　　　　　　　）。
⑱気持ちが落ち着くのは（　　　　　　　　　　）をしているときです。
⑲今後、やってみたいこと、チャレンジしてみたいことは・・・（　　　　　　　　　　）
⑳将来、こうなりたいなぁという希望や夢は・・・（　　　　　　　　　　）

図5　子どもの強みアセスメントシート（一部抜粋）

ろっか　ほうれんそう
六何で報連相
いつ
どこ
だれ
なに
なぜ
どう思った
解決法、教訓、学び

図6　報連相シート

があると指摘している。川口がコラボ教室にて社会科分野の特別指導講師として授業を行った際には、「子ども一人一人の好きなことや得意なことを探求する機会を十分に保障することが通級（コラボ教室）の役割であり、前向きな自己理解を支援し、子どもたちの意志を伸ばしていってほしい。」と述べ、「通級（コラボ教室）は生きることや学ぶことの意欲を失っている子どもたちにとって、元気を引き出せるＡＴＭです。Ａ（明るく）Ｔ（楽しく）Ｍ（前向き）な通級（コラボ教室）の支援こそ、今の君たちには必要です。日常生活で困ることや悩むことはこれからもあります。そんなとき、過去と他人は変えられないけど、未来と自分は変えることができることを信じて、明るい未来に向かって前向きに生活していってほしい。」と、熱いエールを送っている。

コラボ教室では、毎回、通級型指導の中で、「報連相シート」（図６）を活用し「報連相タイム」を行っている。今後も、彼らの日常にある出来事、思いや願いを、言葉で整理しながら、自分

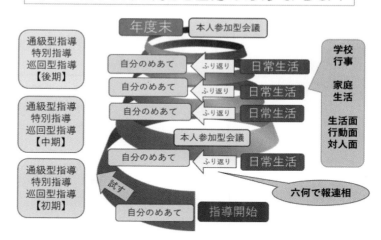

図７　学びに向かう力を高める自分のめあてPDCA

のめあてを考え、他者と共有することで、彼らの学びに向かう力を高め、彼ら「学びの意志」を育てていきたい（図7）。

小学校段階から「学びの意志」を育てる支援を行うことが、発達障害のある人たちの生きる力、ひいてはセルフアドボカシーの力を高めていく。

参考文献
山下公司（2016）子どもとの共同戦線で取り組める安全で協同的な関係づくり．実践障害児教育．18-21.
柘植雅義（2018）将来を自立した、ライフステージを通した支援．日本LD学会会報第105号，P8-9.

Comments

本人の願いを踏まえた個別の諸支援計画は、まさに本人にとっての「学びの地図」となる。また、本人のなりたい・ありたい思いを踏まえたチャレンジによって、自らの課題や成長に気づく主体的な自己理解が促される。今後、このような早期からの本人参画の取組の充実が期待される。

秋田県の学校教育及び特別支援学校におけるキャリア教育

秋田県教育庁義務教育課指導主事　佐藤　宏紀
同特別支援教育課指導主事　北島　英樹

　本県では、キャリア教育を全教育活動を通して取り組む最重点の教育課題として位置付け、将来を担う子どもたち一人一人が「生きる力」を身に付け、様々な課題を柔軟に、かつたくましく対応していくことができるよう、地域に根ざしたキャリア教育の充実を図っている。また、県内特別支援学校においては、キャリア教育に関連する事業として、平成27年度から平成29年度まで、新たな職域の開拓と開拓先事業所との連携による職業教育の実践を通して、地域産業の担い手及び従事者を育成し、全県域の就業促進を図ることを目的として「特別支援学校職域開拓促進事業」を実施した。事業推進校のうち2校が、県内特別支援学校で初となる「キャリア教育優良教育委員会，学校及びPTA団体等文部科学大臣表彰」を受賞した。ここでは、本県の学校教育及び特別支援学校におけるキャリア教育について紹介する。

◆キーワード◆　キャリア教育、生きる力、地域、職域開拓促進事業

1．本県学校教育におけるキャリア教育の位置付けと目標

　秋田県では、全教育活動を通して取り組む最重点の教育課題として、「地域に根ざしたキャリア教育の充実」を掲げている。本県の将来を担う子どもたち一人一人が「生きる力」を身に付け、様々な課題に柔軟に、かつたくましく対応していくこと、そして、地域との関わりを通して、子どもたちに学ぶことと社会との接続を意識させ、一人一人の社会的・職業的自立に向けて必要な基盤となる資質・能力を育むことを目指しており、次の3点が重点である。

(1) キャリア教育のねらいの共有と成果の発信

　「キャリア教育で育成する基礎的・汎用的能力」を踏まえ、将来の社会的・職業的自立を念頭に置きながら、ふるさと教育全体計画や各教科等の年間指導計画を改善するとともに、学校報やPTA等での広報活動、職場体験・インターンシップ依頼時の事業所等への説明等を通して、キャリア教育のねらいと成果を学校と家庭や地域、企業等と共有し、連携・協働して子どもたちを育てる。

(2) 学齢や発達の段階を踏まえた体験活動の充実

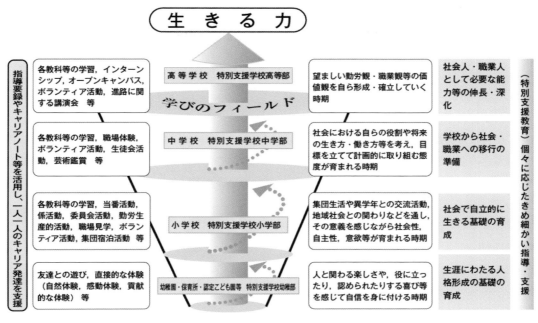

図1　キャリア教育の構想図（「平成30年度学校教育の指針」より抜粋）

　学齢や発達の段階を踏まえ、集団宿泊活動、職場体験、インターンシップ等の体験活動を充実させることにより、学ぶことや働くこと、生きることの尊さを実感させ、社会的・職業的に自立するために必要な基盤となる資質・能力を育てる。また、地域の伝統を受け継ぐ活動や地域の産業に関わる活動、地域の課題や展望について考え発信する活動等の地域の活性化に貢献する活動を通して、広く社会に発信し行動できる人材の育成を図る。

（3）キャリア発達を一層促すための学校間・校種間連携の推進

　学校間・校種間における職場体験・インターンシップ先の共有、授業や行事での交流、学びの履歴を校種を超えて把握することなどを通して、子どもたち一人一人のキャリア発達を支援する。

2．地域に根ざしたキャリア教育の充実に向けた取組

（1）「キャリア教育実践研究協議会」の開催

　本協議会は、県内各校における、地域や家庭、企業等との連携・協働及び校種間連携による「地域に根ざしたキャリア教育」の一層の充実を図ることを目的とし、平成23年度に「キャリア教育推進フォーラム」という名称でスタートし、「キャリア教育研修会」、「キャリア教育実践研究協議会」と名称変更をしながら、年1回開催してきた。

　参加対象は、全県の小学校、中学校、高等学校、特別支援学校等において、キャリア教育推

進の中心的役割を担っている教員、市町村教育委員会キャリア教育担当者、県教育委員会関係者等で、参加人数はおよそ４８０名である。

内容は、その年のテーマによって毎回変わるものの、講演会、トークセッション、パネルディスカッション、児童生徒による実践発表等を中心に行っている。また、中学校区を基にした校種混合のグループや市町村担当者のグループ等により、それぞれのテーマに基づいた協議も行っている。

平成２９年度は、秋田県総合教育センターの体育館において、１０校の児童生徒によるポスターセッションを行った。各ブースにおいて児童生徒がキャリア教育に関する実践内容について発表した。参加者は発表校の取組について疑問点を質問するなどの交流を通して今後の活動のヒントを得ようとしていた。また、児童生徒にとっては、自分たちの取組のよさや改善すべき点等について再確認するよい機会となった。

写真１・２　ポスターセッションの様子

（２）「広域職場体験システム（Ａ－キャリア）」の開設

平成３０年度から、本県児童生徒が職場体験等を実施する際に、県内企業等の情報を地域、期間、業種、受入校種、人数等から検索できるＷｅｂサイト「広域職場体験システム（Ａ－キャリア）」を開設し、活用を呼び掛けている。

本システムは、児童生徒が職場体験を通して働くことの喜びや厳しさなどについて身をもって感じたり、調べ学習を通して県内企業等への興味・関心を高めたりしながら、今の自分や社会を見つめ、未来をたくましく切り拓くことができるよう支援することを目的としている。

Ａ－キャリアの"Ａ"は、オール（ALL）の"Ａ"と、秋田（AKITA）の"Ａ"であり、「県全体でキャリア教育を進めよう」という思いが込められている。

写真３　Ａ－キャリアのトップページ

（３）先進的実践の紹介
〜キャリア教育優良教育委員会、学校及びＰＴＡ団体等文部科学大臣表彰（実績等）について〜

平成２７年度以降の秋田県内の教育委員会、学校及びＰＴＡ団体等において文部科学大臣表彰を受賞したのは次の団体である。

仙北市立神代小学校、鹿角市立十和田中学校、秋田県立由利高等学校（H27）／鹿角市教育委員会、五城目町立五城目第一中学校、秋田県立花輪高等学校、秋田県立比内支援学校（H28）／大仙市教育委員会、能代市立鶴形小学校、横手市立横手北中学校、秋田県立稲川支援学校（H29）

児童生徒が主体となり、地域と連携・協働し

ながら実践している取組や、市町村教育委員会が主体となって地域のよさを再確認する事業等、各団体とも地域の特性を生かしたキャリア教育の実践が行われている。

平成２９年度に表彰を受けた大仙市教育委員会では、「大仙ふるさと博士育成事業」を行っている。学校の枠を超えて、児童生徒が地域のことを楽しく学べる取組である。

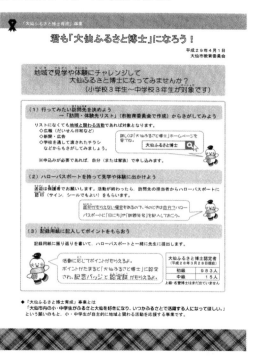

図２　「大仙ふるさと博士育成事業」資料

３．特別支援学校における　キャリア教育の実践

（１）概要

本県キャリア教育の重点を踏まえ、特別支援学校における重点課題を「教育活動全体を通じたキャリア教育の充実と発信」と「学部・学年や発達の段階を踏まえた体験的な活動の充実」としている。具体的には、キャリア教育全体計画に基づき、各教科等の指導を一貫性をもって、系統的、計画的、継続的に行い充実を図ること、実践を通してキャリア教育の取組を広く発信すること、各段階に応じて役割活動や地域貢献活動、現場実習等を計画的に実施し、社会的・職業的自立に必要な力を育てることとしている。

（２）関連事業紹介

新たな職域の開拓と開拓先事業所との連携による職業教育の実践を通して、地域産業の担い手及び従事者を育成し、全県域の就業促進を図ることを目的とした「特別支援学校職域開拓促進事業」（平成２７〜２９年度）は、県内知的障害特別支援学校（分校を含む）から、毎年２校を推進校として指定し、職場開拓員の配置による各地区の農業法人や地場産業等の新たな職域の重点的な開拓と、開拓先事業所の作業内容の導入及び職場実習を実施した。また、教職員の研修（指導技術力の向上）、関係業界団体を含んだ会議（作業学習製品の品質向上や職場実習の在り方の検討等）、職域開拓のための理解啓発事業（職業教育フェスティバル、職業教育フェア等）を実施した。

これまでの成果として、開拓先事業所との連携による作業学習が可能となり、校外作業学習や職場実習、技術指導及び食品加工、作物や材料の納入、商品開発などの実践的な職業教育が実施されたほか、開拓先事業所関係者等による授業参観や生徒による作業学習実践発表等を行ったことで、学校の取組に対する理解を得るとともに、実践に対する具体的な助言を得ることができ、作業技術向上や商品開発など実践的

な職業教育が促進された。

（3）キャリア教育優良教育委員会，学校及びＰＴＡ団体等文部科学大臣表彰校の実践紹介

「特別支援学校職域開拓促進事業」推進校の中から、キャリア教育優良教育委員会，学校及びＰＴＡ団体等文部科学大臣表彰を受けた２校の取組について紹介する。

① 秋田県立比内支援学校（平成28年度）
○ 地域の特産の活用や地場産業を取り入れた学習活動

高等部作業学習では、各班で地域の特産を使った商品開発や地場産業を取り入れた学習に取り組んでいる。農園芸班では、ＪＡの営農指導員から技術指導を受けて大館市の特産品である枝豆を栽培し、収穫した枝豆を使ったクッキーなどの開発に、市内の高校や菓子業者と連携して取り組んでいる。また、バラの栽培では、地域のバラ園を経営する方から接ぎ木や選定の手ほどきを受け、２年後には数種類のバラが見事に開花した。今後は、栽培する花壇を広げ、鉢植えの販売を目指している。

木工班では、大館市の伝統工芸である「曲げわっぱ」の手法を取り入れた製品づくりに取り組んでおり、「現代の名工」から直接の技術指導を受けている。トレイの他、ランプシェードなどにも挑戦している。

写真5　曲げわっぱトレイの製作

陶芸班では、とんぶりや稲わらの釉薬を使ったきりたんぽ鉢を、縫製班では秋田杉の葉や学校の農場で栽培したマリーゴールド、藍、茜で染めた布のポーチなど、地域の特産を使った製品づくりに取り組んでいる。各作業班とも伝統工芸の難しい工程に挑戦したことで、教師は、作業工程の見直しや治具の開発等、授業改善を積極的に行い、生徒は、地域で認められる質の高い製品づくりに向けて意欲的に集中して取り組み、自分の仕事に自信と誇りをもつように

写真4　バラの栽培

写真6　大館市長訪問

なった。平成28年2月には、学校の作業学習製品を「秋田杉ふるさと食卓セット」として、大館市の「ふるさと納税返礼品」に登録してもらった。地域で認められ、地域に貢献できるように、一層質の高い製品づくりを目指している。

○ 地域行事への参加

高等部では生活単元学習において学年ごとにテーマを決めて地域行事に参加している。「達子森の夏祭り」「ハチ公よさこい祭り」「本場大館きりたんぽまつり」「比内とりの市」などに、それぞれの学年の生徒が自分たちで企画し、製作や調理に取り組み、そして当日は精一杯販売や演舞などを行った。地域の方からたくさんの励ましや称賛を受け、生徒たちは達成感を味わうとともに、学習を通して地域の一員としての意識と将来の社会参加への意欲を高めることができた。

写真7　ハチ公よさこい祭りへの参加

② 秋田県立稲川支援学校（平成29年度）

○ 地域の伝統工芸・地場産業を取り入れた学習活動

高等部作業学習では、各班で地域の特産を使った商品開発や地場産業からの協力を仰ぎながら学習に取り組んでいる。農耕班では、校地の近隣で休耕している畑を利用しながら大根栽培をしている。この大根を原料に漬け物加工業者に委託して、オリジナルブランドのいぶりがっこを製造販売している。いぶりがっこ用の大根は品薄のため、好評を得ている。また、果樹農家からリンゴの木を年間契約で借り受け、収穫したリンゴからリンゴジャムを製造販売している。

写真8　リンゴ園実習

工芸班では、地域の伝統工芸の継承者である伝統工芸士のアドバイスをもらいながら、川連漆器の技術を生かした製品づくりをしている。川連漆器伝統工芸館の見学も学習に取り入れている。このような技術指導や見学によって、生徒自身が仕事をする上での心構えについて改めて考える機会となったり、ものづくりに対する

写真9　川連塗り指導

興味や意欲が高まったりしたほか、自主的に「漆器フェア」に参加した生徒もいた。

○ 地域行事等への参画

各学部が地域行事等に積極的に参加している。高等部は、湯沢市主催の「全国まるごとうどんエキスポ in 秋田・湯沢」において、作業学習製品の販売と市内の高校生と一緒に運営のボランティア活動を行っている。

写真10　うどんエキスポ会場での太鼓演奏

また、同時開催の「まるごと湯沢ミュージックストリート」では高等部の和太鼓演奏を発表している。イベント参加のみならず、地域の事業所、商工会議所の協力を得て、3か所でアンテナショップを運営して作業学習製品を販売している。新しくできた「道の駅うご」では、他県から観光にいらした方々からも購入していただいており、生徒職員の励みにもなっている。毎週木曜日は、「木曜実習」と呼ぶ職場実習や商工会議所での作業なども教育課程の中に組み込んでいる。このように地域に出て、地域の協力を得ながら学ぶことは、学校の教育活動を理解していただくとともに地域の一員として将来の社会参加への意欲を高めることにもつながっている。

写真11　アンテナショップ

4．今後に向けて

「キャリア教育実践研究協議会」等の取組により、県内全ての小・中学校等、高等学校、特別支援学校及び市町村教育委員会等が、先進的な実践発表や協議、情報交換等を行い、児童生徒に身に付けさせたい力や学校としてのねらいを明確化・共有化することが重要と考える。今後も、地域・家庭・企業等・校種間での連携を図りながら「地域に根ざしたキャリア教育」の一層の充実を目指したい。

Comments

県の最重点の教育課題として「地域に根ざしたキャリア教育の充実」を掲げ、学校教育全体で組織的・計画的・継続的に取り組んでいることは、他の都道府県等にも大いに参考になる。また、この背景として、平成5年度からの取組である学校教育共通実践課題「ふるさと教育」がある。「ふるさと教育」と「キャリア教育」により、新学習指導要領の理念「社会に開かれた教育課程」の実現につながることが期待される。

第 V 部

資 料

「キャリア発達支援研究会
第５回横浜大会」記録

キャリア発達支援研究会　第5回　横浜大会

１．大会テーマ

未来をデザインし 可能性を引き出す キャリア発達支援

２．大会概要

主　催　キャリア発達支援研究会

共　催　横浜大会実行委員会

後　援　横浜市立特別支援学校長会・神奈川県特別支援学校長会

全国特別支援学校長会・横浜市教育委員会・神奈川県教育委員会

協　力　ジアース教育新社

（1）目　的

① 各校及び関係諸機関における実践や組織的な取組について情報交換し、今後のキャリア教育の充実と改善に向けての情報を得ること。

② 全国各地のキャリア教育の取組事例を基に研究協議を行い、今後の特別支援教育の充実に資する具体的方策について検討すること。

（2）期　日
平成29年12月16日（土）10:00～16:30

平成29年12月17日（日）　9:00～12:30

（3）場　所
横浜市立港南台ひの特別支援学校

〒234－0054　横浜市港南区港南台5丁目3番2号

（4）日　程

1日目	
9:30～10:00	受付
10:10～10:10	開会式　・実行委員長挨拶　・キャリア発達支援研究会会長挨拶 ・横浜市教育委員会事務局指導部長挨拶　・日程説明
10:10～11:30	基調講演 演題「発達障害者のキャリア発達支援～大人になったASDから学ぶ～」 講師：横浜市総合リハビリテーションセンター　ぴーす新横浜 　　　園長・臨床心理士・臨床発達心理士SV　日戸　由刈　氏
11:30～12:30	昼食・休憩
12:30～14:30	ポスターセッション
14:30～14:40	移動
14:40～15:20	横浜大会企画①「わたしのターニングポイント」 ～自らのキャリア発達をふり返って～ 横浜市立特別支援学校卒業生の発表
15:20～15:30	移動

15:30 ～ 16:25	講評・講演 講師：植草学園大学　発達教育学部　准教授　菊地　一文　氏
16:25 ～ 16:30	事務連絡
18:30 ～	懇親会　横浜中華街「同發　別館」
2日目	
9:00 ～ 9:10	テーマ別ディスカッションの趣旨・流れの説明
9:10 ～ 11:00	横浜大会企画②テーマ別ディスカッション 　選択したテーマについてのディスカッション 　事前にテーマに関する「現状と課題」を提出→配付資料で共有
11:00 ～ 11:40	各グループの助言者よりテーマ別ディスカッションの報告・全体共有
11:40 ～ 12:20	講評 講師：文部科学省 初等中等教育局 視学官 　　　　　　特別支援教育課 特別支援教育調査官 丹野 哲也 氏
12:20 ～ 12:30	閉会式　・キャリア発達支援研究会副会長挨拶 　　　　　・実行委員会副実行委員長挨拶　・事務連絡

(5) 参加者数　　210名

3．主な内容

(1) 基調講演

　　　○演題

　　　　「発達障害者のキャリア発達支援　～大人になった ASD から学ぶ～」

　　　　講師：横浜市総合リハビリテーションセンター　ぴーす新横浜

　　　　園長・臨床心理士・臨床発達心理士SV　日戸　由刈　氏

(2) ポスターセッション

　　　＊ポスター発表一覧は次ページ

(3) 横浜大会企画①

　　　○「わたしのターニングポイント」～自らのキャリア発達をふり返って～

　　　○ 横浜市立特別支援学校卒業生の発表

　　　＊第3部　実践　第1章の2を参照

(4) 横浜大会企画② テーマ別ディスカッション

　　　「他者との対話から自分との対話へ」～これからの行動指針を見つけよう～

　　　○テーマA　キャリア発達を促す組織経営

　　　○テーマB　キャリア発達支援の視点でふり返るこれまでの取組

　　　○テーマC　学校（学部）間連携と他機関連携

　　　○テーマD　社会に開かれた教育課程と地域との協働

　　　＊第3部　実践　第1章の3を参照

ポスターセッションA　12月16日（土）　在席時間　12：30〜13：30

		NO	氏名　　所属	テーマ　【キーワード】
A	1	5	近藤 幸男 横浜市立鴨志田中学校	発達障害のある子どもの実行機能をサポートする 【実行機能　作文指導】
A	2	14	太田 容次 京都ノートルダム女子大学	特別支援教育に関わる教員の専門性向上のための 能動的研修しませんか？
A	3	20	栃真賀 透 市立札幌大通高等学校	高等学校におけるキャリア教育の現状と課題 【高等学校　キャリア発達支援　組織的取組】
A	4	34	佐藤 修一 福島県立会津支援学校	福島県立会津支援学校における進路指導の取り組み 【職場開拓　関係機関との連携】
A	5	57	柳川 公三子 富山大学人間発達科学部 附属特別支援学校	学びあい、高めあう校内研修の在り方 〜教師のキャリア発達促進を目指して〜 【教員資質開発　同僚性　対話的コミュニケーション　自分らしい授業づくり】
A	6	75	荒木 潤一 横浜市立若葉台特別支援学校	キャリア発達支援の視点から考える"学校レクリエーション" 〜自己のキャリア発達を振り返りつつ、特別支援教育に思いを馳せる〜 【学校レクリエーション　生きる喜び作り　遊び心　ドキドキ・わくわく　感動　笑顔　楽しむ力　よりよく生きる力】
A	7	78	松浦 孝寿 北海道小樽高等支援学校	私の‘轍（わだち）’の見える化の試み 【ナラティブ　ライフプラン　キャリアアンカー　コーピング】
A	8	84	鈴木 和希 横浜市立若葉台特別支援学校	肢体不自由教育部門との協働 【交流　協働　気付き】
A	9	89	渡邊 修 横浜市立本郷特別支援学校	重度知的障害の子どものキャリア発達支援 〜靴の履き替えの指導を中心に〜 【重度知的障害　日常生活の指導　キャリア発達支援】
A	10	93	野口 幸江 横浜市立日野中央高等特別支援学校	社会に開かれた教育課程の創造を目指して 〜作業学習で作る・社会で学ぶ〜 【開かれた教育課程　リアリティーある学び】
A	11	99	古川 尚子・福島 直子・金田 綾子 横浜市立中村特別支援学校	中村でのうんどうの取組 〜障害の重い子どものためのキャリア教育〜 【自立活動　うんどう　NMBP】
A	12	105	鈴木 奈都 北海道八雲養護学校	病弱教育における実践 【病弱　進路指導　総合的な学習の時間　HR活動】
A	13	108	永野 実生 横浜市立本郷特別支援学校	ASD児が「ありがとう」と伝えられる意識を改めて考える 〜並行指導法を用いて行った指導を通して〜 【ASD児　並行指導法　ルーティン　ありがとう】
A	14	126	大野 勇介 横浜市立日野中央高等特別支援学校	キャリア教育の視点を踏まえた 紙工課の取組 〜主体性や協調性を向上させ、働く喜びや意欲をもたせるために〜【生徒主体　計画性・横断的　地域連携】
A	15	130	石坂 務 横浜市立本郷特別支援学校	地域で生活するための自力通学の支援 【特別支援学校　自力通学　保護者との連携】
A	16	147	三木 真吾 横浜市立境木中学校	境木中学校区　特別支援教育・地域連絡会の取り組みについて 〜地域にある学校の12年間をつなぐ〜

		NO	氏名　　所属	テーマ　　【キーワード】
A	17	156	本郷 薫 横浜市立若葉台特別支援学校	音楽科におけるキャリア発達 【教科　生徒のキャリア発達　自分のキャリア発達】
A	18	164	坂本 征之 横浜市立日野中央高等特別支援学校	キャリア発達を促す各教科の授業実践と『じぶん MAP システム』の開発 【生徒主体　個別の指導計画　自立活動】
A	19	169	長沢 光澄 京都市立白河総合支援学校	自己理解を深め　自信を持って　発信する 【自己理解　振返りと気づき　就労に向けて】
A	20	150 183	地内 亜紀子・白馬 智美・日戸 由刈 横浜市総合リハビリテーションセンター　ぴーす新横浜	高機能ＡＳＤ幼児に対する早期からのキャリア発達支援 【早期療育　相談　多様性】
A	21	190	達 直美 東京都立光明学園	光明学園　ファーストアクション　魅力ある併置校を目指して 【キャリア発達　可能性の追求　併置校授業者支援　オリパラ教育】
A	22	206	竹田 智之 横浜市立若葉台特別支援学校	Motion History を用いた 重症心身障害児の胸郭可動性評価の試み 【客観的指標　重症心身障害児　教育現場における身体アセスメント】

ポスターセッションＢ　12月16日（土）　在席時間　13：30 ～ 14：30

		NO	氏名　　所属	テーマ　　【キーワード】
B	1	13	岸本 信忠 岡山大学教育学部附属特別支援学校	大学や職場と連携し中・高の連携したキャリア発達を促す取り組み 【キャリア発達　授業づくり　ネットワークの構築】
B	2	18	林 尚美 横浜市立本郷特別支援学校	子どもの見方・子どもの味方 【センター的機能　学校支援　コンサルテーション　発達障害理解】
B	3	29	鈴木 雅義 静岡大学教育学部附属特別支援学校	キャリア発達を促す教科（図画工作）の授業作り 【主体的・対話的で深い学び　教科（図工）とキャリア　学びのスパイラル　自己内対話】
B	4	46	梁田 桃子 横浜市立若葉台特別支援学校	リスナーを意識する 放送委員会 【主体的　思いやり　責任感】
B	5	60	刀禰 豊 岡山県立岡山東支援学校	支援を必要とする当事者への継続的なアプローチを目指す支援体制の構築 〜視覚障害・知的障害等の支援を目指す当事者中心の支援組織の活動実践と個々のニーズに合った支援について〜 【特別支援教育　ライフステージに応じた適切な支援　適切なアセスメント】
B	6	77 199	高木 一江 横浜市中部地域療育センター 田中 雄三 川崎市立生田中学校	自閉スペクトラム症に対する多職種連携による 自己理解とキャリア教育の包括的実践 【TTAP　キャリア教育　自己理解】
B	7	80	永井 扶佐子 横浜市立若葉台特別支援学校	企業就労を目指す進路指導 におけるＴＴＡＰの活用 【ふり返り　アセスメント】
B	8	88	圓谷 直久 横浜市立若葉台特別支援学校	開校５年目　肢知併置校の交流教育 【交流　肢知併置】

B	9	92	藤田 歩 横浜市立本郷特別支援学校	自閉症者が多く在籍する特別支援学校での不適切行動についての実態 【校内研究 不適切行動 適切な行動の指導】
B	10	94	菊地 亜紀 横浜市立日野中央高等特別支援学校	国語科の授業における多様な自己表出と他者理解 【付箋の活用 意見の共有 対話】
B	11	102	松井 純一郎 横浜市立中村特別支援学校	ともに学び ともに生きる 【交流及び共同学習】
B	12	106	小谷 加代子 京都市立鳴滝総合支援学校	生徒の手による避難所の運営 ～防災プログラムの導入とキャリア発達～ 【災害避難所 自助と共助 地域の人とともに生きる できる力を発揮する】
B	13	118	矢ヶ部 洋滋 横浜市立若葉台特別支援学校	自己理解を促す授業実践 【企業就労 進路指導 自己選択 対話 自己肯定感 合理的配慮】
B	14	129	鈴木 雄也 北海道札幌養護学校	「地域で働く人々を知る第一歩」 ～生徒同士の対話を重視した調べ学習を通して 【主体的・対話的な学び 地域店舗等の協力体制 総合的な学習の時間】
B	15	140	奥出 裕 横浜市立東俣野特別支援学校	肢体不自由特別支援学校におけるライフキャリアを大切にした指導 【ライフキャリア 摂食指導】
B	16	154	山本 佳一 社会福祉法人 訪問の家 朋第2	福祉と工学の連携「福祉ものづくり」の実践について 【連携がもたらす可能性の広がり】
B	17	22 160 176	岩﨑 優・後藤 美咲・ 杉澤 裕美子 横浜市立若葉台特別支援学校	カフェわかば 【発信 交流 協働】
B	18	168	森 玲央名 京都市立白河総合支援学校	高齢者の方との心のふれあい ～他校のリソースをもとにした生徒による"手浴"学習の創造～ 【地域協働・共生型活動 授業改善 他校との連携】
B	19	172	鈴木 翔太郎 サポートセンター径	ご本人の行動から思いを知る事の醍醐味 【食堂】
B	20	189	今野 由紀子 宮城県立迫支援学校	敢えて言いたい！「キャリアの視点」で見直す ～各学部段階で大切なことと学部間のつながり～ 【系統性 多様性・変化 ベテランの力 対話と共有・再構築】
B	21	195	宮野 雄太 横浜国立大学教育学部 附属特別支援学校	知的障害を有する小学部児童における 「弘明寺探検 お仕事インタビュー」の授業を通した一考察 【地域資源の活用 仕事 共に生活するという意識 社会性発達の段階】

キャリア発達支援研究会機関誌

「キャリア発達支援研究5」

編集委員

森脇　　勤（京都市教育委員会指導部総合育成支援課参与）

木村　宣孝（札幌大学地域共創学群人間社会学域教授）

菊地　一文（植草学園大学発達教育学部准教授）

松見　和樹（千葉県教育庁教育振興部特別支援教育課指導主事）

清水　　潤（国立特別支援教育総合研究所研修事業部総括研究員）

滑川　典宏（国立特別支援教育総合研究所情報・支援部主任研究員）

執筆者一覧

巻頭言

森脇　勤　　キャリア発達支援研究会会長

第Ⅰ部

森脇　勤　　キャリア発達支援研究会会長／京都市教育委員会参与

日戸　由刈　相模女子大学人間社会学部／子育て支援センター教授

長谷川正人　社会福祉法人鞍手ゆたか福祉会理事長

丹野　哲也　キャリア発達支援研究会／前文部科学省視学官

川口　信雄　前横浜市立若葉台特別支援学校主幹教諭（現ゆたかカレッジ顧問）

菊地　一文　植草学園大学発達教育学部准教授

第Ⅱ部

1　清水　潤　　国立特別支援教育総合研究所研修事業部総括研究員

2　渡辺三枝子　筑波大学名誉教授

3　日戸　由刈　相模女子大学人間社会学部／子育て支援センター教授

第Ⅲ部

第1章

1～3　横浜大会実行委員会

第2章

1　髙嶋利次郎　北海道函館聾学校教頭

2　久保山　憲　前東京都立小平特別支援学校教諭（現東京都立王子第二特別支援学校教諭）

3　藤林　真紅　京都市立白河総合支援学校副教頭

4　荒木　潤一　横浜市立若葉台特別支援学校教諭

5　竹下　成彦　長崎大学教育学部附属特別支援学校教諭

6　浅沼由加里　千葉県立香取特別支援学校教諭

第Ⅳ部

1　地内亜紀子　横浜市総合リハビリテーションセンター

　　白馬　智美　横浜市総合リハビリテーションセンター

　　日戸　由刈　相模女子大学人間社会学部／子育て支援センター教授

2　岡田　克己　横浜市立仏向小学校教諭

　　川口　信雄　前横浜市立若葉台特別支援学校主幹教諭（現ゆたかカレッジ顧問）

3　佐藤　宏紀　秋田県教育庁義務教育課指導主事

　　北島　英樹　秋田県教育庁特別支援教育課指導主事

キャリア発達支援研究会機関誌「キャリア発達支援研究」

■編集規定

1. 本誌は「キャリア発達支援研究会」の機関誌であり、原則として1年1号発行する。
2. 投稿の資格は、本研究会の正会員、ウェブ会員とする。
3. 本誌にはキャリア発達支援に関連する未公刊の和文で書かれた原著論文、実践事例、調査報告、資料などオリジナルな学術論文を掲載する。
   (1) 原著論文は、理論的または実験的な研究論文とする。
   (2) 実践事例は、教育、福祉、医療、労働等における実践を通して、諸課題の解決や問題の究明を目的とする研究論文とする。
   (3) 調査報告は、キャリア発達支援の研究的・実践的基盤を明らかにする目的やキャリア発達支援の推進に資することを目的で行った調査の報告を主とした研究論文とする。
   (4) 資料は、原著論文に準じた内容で、資料性の高い研究論文とする。
   (5) 上記論文のほか、特集論文を掲載する。
      特集論文：常任編集委員会（常任理事会が兼ねる）の依頼による論文とする。
      上記の論文を編集する際は、適宜「論説」「実践編」等の見出しをつけることがある。
4. 投稿論文の採択および掲載順は、常任編集委員会において決定する。掲載に際し、論旨・論拠の不明瞭な場合等において、論文の記載内容に添削を施すことがある。この場合、投稿者と相談する。
5. 掲載論文の印刷に要する費用は、原則として本研究会が負担する。
6. 原著論文、実践事例、調査報告、資料の掲載論文については、掲載誌1部を無料進呈する。
7. 本誌に掲載された原著論文等の著作権は本研究会に帰属し、無断で複製あるいは転載することを禁ずる。
8. 投稿論文の内容について、研究課題そのものや記載内容、表現方法において、倫理上の配慮が行われている必要がある。

■投稿規程

1. 投稿する際は、和文による投稿を原則とする。
2. 原則としてワープロ等により作成し、A4判用紙に40字×40行（1600字）で印字された原稿の電子データ（媒体に記憶させたもの）を提出すること（Eメール可）。本文、文献、図表をすべて含めた論文の刷り上がり頁数は、すべての論文種について10ページを超えないものとする。提出した電子データは、原則として返却しない。
3. 図表は、白黒印刷されることを念頭に、図と地の明瞭な区分のできるもの、図表の示す意味が明瞭に認識できるもの、写真を用いる場合は鮮明なものを提出すること。
   図表や写真の番号は図1、表1、写真1のように記入し、図表や写真のタイトル、説明とともに一括して別紙に記載すること。また、本文中にその挿入箇所を明示すること。写真や図、挿絵の掲載、挿入に当たっては、著作権の侵害にあたるコンテンツが含まれないよう十分注意すること。
4. 必要がある場合は、本文中に1）、2）・・・のように上付きの通し番号で註を付し、すべての註を本文と文献欄の間に番号順に記載すること。
5. 印刷の体裁は常任編集委員会に一任する。
6. 研究は倫理上の検討がなされ、投稿に際して所属機関のインフォームド・コンセントを得られたものであること。

■投稿先

ジアース教育新社

〒101-0054 東京都千代田区神田錦町1-23 宗保第2ビル

TEL 03-5282-7183　FAX 03-5282-7892

E-mail：career-development@kyoikushinsha.co.jp

（Eメールによる投稿の場合は件名に【キャリア発達支援研究投稿】と記すこと。）

キャリア発達支援研究 5

**未来をデザインし可能性を引き出す
キャリア発達支援**

平成 30 年 12 月 13 日　初版第 1 刷発行

編　　著　キャリア発達支援研究会
　　　　　会長　森脇　勤
発 行 人　加藤　勝博
発 行 所　株式会社ジアース教育新社
　　　　　〒 101-0054　東京都千代田区神田錦町 1-23　宗保第 2 ビル
　　　　　TEL：03-5282-7183　FAX：03-5282-7892
　　　　　http//www.kyoikushinsha.co.jp/

■表紙・本文デザイン・DTP　株式会社彩流工房
■印刷・製本　アサガミプレスセンター株式会社

Printed in Japan

ISBN978-4-86371-485-4
○定価はカバーに表示してあります。
○乱丁・落丁はお取り替えいたします。（禁無断転載）